Suhrkamp BasisBibliothek 71

Wir befinden uns im Jahr 1960. Ein Mann radelt durch eine geisterhafte Landschaft, verkohlte Leichen, Gerippe, in der Bewegung erstarrt. Ein Atomschlag wenige Jahre zuvor hat offenbar die ganze Menschheit ausgelöscht. Der Mann, ein Schriftsteller, beschließt, sich im Wald eine Hütte zu bauen, und unternimmt mit seinem Fahrrad Ausflüge in die dörfliche Umgebung, um sich mit Werkzeug, Lebensmitteln und Bauholz zu versorgen. Da trifft er plötzlich auf eine Überlebende.

Diese Ausgabe der »Suhrkamp BasisBibliothek – Arbeitstexte für Schule und Studium« bietet Arno Schmidts Endzeitroman *Schwarze Spiegel* zusammen mit einem Kommentar, der alle für das Verständnis des Buches erforderlichen Informationen enthält: eine Zeittafel, die Entstehungs- und Rezeptionsgeschichte, einen Forschungsüberblick, Literaturhinweise sowie detaillierte Wort- und Sacherläuterungen. Die Schreibweise des Kommentars entspricht den neuen Rechtschreibregeln.

Oliver Jahn, geboren 1970 in Frankfurt am Main, lebt in München. Mitarbeiter der Arno Schmidt Stiftung, Bargfeld, und Literatur- und Designjournalist. Seit 2011 Chefredakteur von *AD Architectural Digest Germany*.

Arno Schmidt
Schwarze Spiegel

Mit einem Kommentar
von Oliver Jahn

Suhrkamp

Der Text dieser Ausgabe folgt der Fassung des 1. Bandes der I. Werkgruppe der *Bargfelder Ausgabe* mit den Romanen, Erzählungen, Gedichten und Juvenilia von Arno Schmidt, Zürich: Eine Edition der Arno Schmidt Stiftung im Haffmans Verlag 1987. Der Text *Schwarze Spiegel II* war erstmals abgedruckt in: Arno Schmidt: *Fragmente. Prosa, Dialoge, Essays, Autobiografisches*. Bargfelder Ausgabe Supplemente Band 1. Eine Edition der Arno Schmidt Stiftung im Suhrkamp Verlag 2003.

3. Auflage 2020

Erste Auflage 2006
Suhrkamp BasisBibliothek 71
Originalausgabe

Satz: pagina GmbH, Tübingen
Druck: CPI – Ebner & Spiegel, Ulm
Umschlagfoto: Max Ehlert
Umschlaggestaltung: Regina Göllner und Hermann Michels
Printed in Germany

ISBN 978-3-518-18871-2

Inhalt

Schwarze Spiegel

[⌜Dic mihi: si tu fias leo: qualis eris?⌝]

I

(1.5.1960)

⌜*Lichter?* (ich hob mich auf den Pedalen) –: – Nirgends. (Also wie immer seit den fünf Jahren).⌝

Aber: der lakonische* Mond längs der zerbröckelten Straße (von den Rändern her haben Gras und Quecken die Teerdecke aufgebrochen, so daß nur in der Mitte noch zwei Meter Fahrbahn bleiben: das genügt ja für mich!)

*lakonische: einsilbige; hier: ausdruckslose

Weiter treten: starrt die spitze Silberlarve aus m Wacholder – also weiter –

⌜*Des Menschen Leben:* das heißt vierzig Jahre Haken schlagen. Und wenn es hoch kommt (oft kommt es einem hoch!!) sind es fünfundvierzig; und wenn es köstlich gewesen ist, dann war nur fünfzehn Jahre Krieg und bloß dreimal Inflation.⌝

Rücktritt: (und es quietschte beim Halten; morgen muß ich mal Alles durchölen). Ich richtete den Karabinermund* vorsichtshalber gegen das schmierige Wrack: die Fenster dick verstaubt; erst als ich mit dem Kolben darauf schlug, ging die Wagentür ein wenig auf. Hinten leer; eine Skelettdame am Steuerrad (also wie immer seit den fünf Jahren!); nun: wünsche Glückseligkeiten! Aber es wurde auch gleich dunkel, und ich traute dem ⌜Kreatorium⌝ immer noch nicht: ob Farnhinterhalt, ob Vogelspötterei: ich war bereit mit zehn Schuß im Vollautomatischen: also weiter trampeln.

*Karabinermund: Öffnung des Gewehrlaufs

Senkrecht überm Straßenkreuz: auf der kleinen hübschen Abendfläche erhoben sich einmal zärtliche Staubschleier, in denen Herr Windstoß Pirouetten schlug: und wo lang nun?! Drüben war eine Schilderei; ich latschte müde hin ‹⌜Holzindustrie Cordingen⌝› stands über höllisch hellgelb und schwarz geringelten Pfählen. Daneben am verwobenen Rain eine Spitzsäule. Ich rätselte ein bißchen an der eingegrabenen Legende: ⌜ach so: ein T.P.! Und ich lachte schwächlich: mir hat mal ein Schupooffizier* erzählt, und treuherzig dazu, daß die Polizei alle halben Jahre auch sämtliche trigonometrischen Punkte kontrollieren müßte, ob sie noch vorhanden seien⌝. Und da der eine viertels in einem Fußweg stand, hätte er, zusammen mit den interessierten Bauern, das Ding anderthalb Meter nach rechts in' Wald gesetzt, wo er Niemanden mehr störte, und dann jahrelang still weiter das ‹Vorhandensein› gemeldet! Seit der Zeit mißtraue ich den säkularen Ergebnissen der Geodäten*, betreffend die weitere Auffaltung des Alpenmassivs, oder die Hebung Norddeutschlands: ⌜cherchez les constables⌝! – Ja aber nach rechts oder links?

Abk. für Schutzpolizist

Landvermesser

Also: ⌜capita aut navim⌝. ⌜Der Penny fiel⌝, und ⌜Edward the Seventh, fidei defensor⌝, und auch sonst noch mancherlei, wies mich nach rechts: Bon!* (Und mein kleiner zweirädriger Anhänger klapperte und huppte).

(franz.) Gut!

Ein Bahnübergang (die Schranken seidank hoch) und immer mehr Gefälle. Eine ⌜Tommy-Brücke⌝ (halb verfault; noch vom zweiten Weltkrieg her) über den geschlängelten stillen Wasserlauf (schöner Teich zur Rechten, mit letztem Abendgelb getäfelt); dann bog die Straße links ein, und ich glitt mit müder Eleganz, à la Herr der Welt, in die Kurve: ⌜si quis, tota die currens, pervenit ad vesperam: satis est⌝.

Ich nahm die Brechstange hinten heraus, und die Pistole: ‹SUHM› stand an der Tür, und daneben eine Toto-Reklame. Ich hieb die schwere Meißelspitze ins Holz, oben; dann unten; das Schloß sprang mit Gebell, ⌜flash and report⌝.

Wie immer: die leeren Schalen der Häuser. Atombomben und Bakterien hatten ganze Arbeit geleistet. Meine Finger preßten mechanisch, unaufhörlich, an der Dynamotaschenlampe. In einer Kammer ein Toter: sein Gestank hatte Zwölfmännerstärke: also wenigstens im ⸢Tode Siegfried⸣ (nebenbei selten, daß es noch roch; war ja alles schon zu lange her). Im ersten Stock lagen fast ein Dutzend Gerippe, Männer und Frauen (an den Beckenknochen kann mans unterscheiden). Also sechs Männer (bzw. Knaben); fünf Frauen und Mädchen.

Draußen: Früher wars wohl adrett genug gewesen; jetzt schlotterte der Garten ums hohle Haus. Schöne starke Kiefern aber. Graue Mauer, von der graue Kräuter nickten, auch Lupinen und Wegerich. Aus grauen Mauern machte man Häuser; aus Häusern Städte, aus Städten Kontinente: wer fand sich da noch durch! Bloß gut, daß Alles zu Ende war; und ich spuckte aus: Ende! Koppelte den Anhänger los und zerrte ihn mir nach über die Schwellen (gleich rechts rein; wozu Umstände).

Es raschelte im Nebenzimmer: ein Fuchs! Der rothaarige Hausvogt* glitt keß um alle Möbel, hinaus, in die einäugige Nacht*. Ich rollte die Decken auf; holte Wasser vom Bach; die Kerze blakte* überm Küchentisch, als ich auf der Karte suchte. (Auch der Ofen zog noch, und der zerhackte Stuhl sott das trübe Wasser bis es stöhnte; wo war der Tee wieder – ach so). Warnau* hieß das Bächel stellte ich zwischen Biskuits und Cornedbeef fest (Käse möchte ich wieder mal essen: Kräuterkäse; Schweizer, Edamer: ach meinetwegen stinkigen Limburger!)

Verwalter, Hausvorsteher

Mondmetapher

(norddt.) schwelte, qualmte

Fluss bei Cordingen

Nebenan im Fuchsheim: Fotos an den Wänden; Familienbilder mit hausmachernem Lächeln. (Und speckig bin ich: wenn ich n Bindfaden dreimal auf dem Oberschenkel hin- und herrolle, hab ich garantiert ne Kerze in der Hand. – Also morgen große Pause und Waschen!)

Ein Klavier: ich klaubte eine Handvoll Mißtöne zusammen und ⸢acherontisches Geschwirre, no use*. Orpheus benötigte ich dringend: der hätte mir Holz und Kohle herleiern können⸣. Oder ne Badewanne. Ich fluchte kurz und ging nochmal nach oben.

(engl.) zwecklos

Manche hatten tatsächlich noch Ausweise auf den beinernen Brüsten: für wen wohl? Und von verschollenen Autoritäten ausgefertigt, selbst wenn sie echt waren. Einem Mädchen sah ich lange ins Paßfoto, unters wellige Haar, auf die Bluse: und jetzt lagen ein paar gebogene Knochen neben mir, auch die Haare noch, ja, dunkelblonde; am Ende werde ich allein mit dem ⌜Leviathan⌝ sein (oder gar er selbst). Es bellte leise ums Haus; die Füchslein mochten wohl draußen schleichen, und ich tastete doch nach dem Handbeil (kurz vor Mainz, in Gaubickelheim, war ich einmal sechs Wölfen begegnet!)

Decken aufgerollt und in die ewigen Jagdgründe der Phantasie: ⌜den fliegenden Holländer⌝ und ⌜Odysseus⌝ müßte man in einer Geschichte identifizieren. Wind begann und die großen Kiefern redeten tief und brausig. Es bleibt immer nachdenklich genug, daß die Menschheit tatsächlich alle drei Geometrien für ihr Weltbild verwendet hat: zu Homers Zeiten die euklidische (Ökumene als Ebene); dann Kosmas, dessen Terrarium eigentlich ein Stück Pseudosphäre repräsentiert, mit dem ‹Berg des Nordens› als Pol, und die auch jahrhundertelang gegolten hat; und endlich ⌜die Geoidoberfläche; interessant.⌝ Der Mond erschien traurig und glänzend im Fenstervier. Seit fünf Jahren hatte ich keinen Menschen mehr gesehen, und war nicht böse darüber; das heißt. Lesen konnte man bei der mattgelben Helle auch nicht; ich holte ein Buch aus dem Köfferchen: nein, nur den Titel ‹⌜Satanstoe⌝›; ich schüttelte bedauernd die Hände (war zu faul, das Licht nochmals anzuzünden). Am besten schlafen. – Die Uhr? Tickte auf dem Fensterbrett. Nicht mehr denken. Auch der Fuchs mochte schlafen wollen, denn es wisperte hinter den Wänden wie Tierlein und Wildstroh. War gesichert.

Mondmetapher

Nacht (und ovaler Stein* in ebenhölzerner Fassung): und ich konnte und konnte nicht einschlafen! Fluchte einfältig. Zuerst wollte ich nicht, aber dann trank ich doch (etwas); Energie ist Glückssache; und zeigte mich sogleich, stets ein Windbeutel hohen Ranges, fähig und unverdrossen zu jeder Absurdität. Ruhig behing ich mich mit zwei Waffen und

mischte mich in die Nacht: haderte mit Zweigen, ahmte Menschenstimmen nach, wurde Moosen gut; den Wind mochte ich aus einem Gebüsch aufgestört haben, denn er sprudelte unwillig Blättriges, jagte ein paarmal im Umkreise, und verscholl erst dann rauschend forstein*. Selbst die kleinsten Kiefern stachen schon katzenwild um sich, wenn man sie zu plump anfaßte (muß mich auch rasieren, morgen früh). Einmal stank es derart, daß ich sofort das Gewehr herunter nahm: das konnte keine anständige Pflanze mehr sein, so roch es nur in der Zoologie! Aber ich ging doch nicht näher drauf zu, sondern eulte weiter im ⌜Hochwald⌝; schon wurden die Stämme seltener, Sträucher gitterten am Rand. Ich trat gebückt über den Graben, und sah aufs leere Moor, wilde Weite, süß und eintönig, in der schwarzen Strahlung, bis ich die Schultern in der Jacke rieb. Das ist das Schönste im Leben: Nachttief und Mond, Waldsäume, ein stillglänzendes Gewässer fern in bescheidener Wieseneinsamkeit – so hockte ich lange und müßig mit rechtsgeneigtem Kopf; manchmal fiel ein Sternfunken stundenweit hinter Stellichte*; manchmal beschlich mich eine schlacksige Windin und zerwarf mir die Haare, wie ne halbwüchsige fleglige Geliebte; sogar als ich einmal in die Büsche mußte, kam sie noch nach.

in Richtung des Waldes

Ort bei Cordingen

⌜*Das himmlische Barbierbecken*⌝ hing schon an einem Kiefernarm, als ich darunter hinbummelte. War hohe Zeit, ‹nach Hause› zu latschen, denn im Osten gaste es bereits grau und striemig; und die Sträucher standen hohläugig krumm und überwacht, auch unpassend, umeinander (und mich) herum. Der Morgen widerte mir entgegen; denn *eine Morgensonne* so vollschlank und schwiegermütterlich rüstig im nett gruppierten ⌜Käte-Kruse-Gewölk⌝ erschien, daß ich wütend einen Stein übern Bahndamm danach schmiß: weißgott, wie frisch gestärkt sah das Gelumpe aus! – Dann in die Decken (wobei Fuchsens wieder erwachten, und sich über den neuen unruhigen Mieter beschwerten). – ⌜Herakles: antiker Mistkutscher⌝ (und nach der Leistung konnte ich endlich einschlafen).

Der Himmel rauschte unablässig über mich; meine Haare bebten, als ich mich am Fenster rasierte. Sogar frische Wäsche hatte ich in einem Schrank gefunden; das Rad war durchgesehen; und mit ein paar kecken Scherenschnitten hatte ich mir auch das Hinterhaar gelichtet: sind wir nicht Knaben hübsch und fein?! Also war ich reif für einen Dorfbummel, mit Feuerrohr* und Axt. (Dann nahm ich doch noch vorsichtshalber das Doppelglas mit).

Gewehr

Siedlungshäuser, recht geschmackvoll gebaut und angeordnet; auch viele Kiefern hatte man stehen lassen, so daß ich beifällig den Mund spitzen mußte (und links unten warbelte* immer das Flüßchen entgegen, bis es sich durch einen kleinen Wiesengrund entfernte, unter einer Eisenbahnbrücke hindurch, sehr nett!). Oben wurde's kahler, die Mauern nackter; ein winziger Schaukasten zeigte zwei Radioapparate vor; dann bog die Straße schon wieder nach rechts, und ich blieb verdrossen auf dem freien Plätzchen stehen: es ist ja immer derselbe Quark!

(niederdt.) wirbelte

Ein Baräckchen: ‹Gemischtwarenhandlung›. Da ging ich hinein (vielleicht war doch noch etwas eßbar); aber in dem armseligen Räumchen ruhte auch nur noch Staub auf giftgelben Bonbons, Kaffee war längst verduftet, die Konservenbüchsen aufgetrieben und zerplatzt (drei mit Rindfleisch steckte ich ein; nachher mal probieren). Mit dem Fuß wühlte ich unterm Ladentisch: aha: Flaschen!

Essig, Essig, Öl (das kann ich ja mitnehmen!), Essig, Essig (was haben die bloß mit dem ewigen Essig gemacht?!); endlich eine Buddel Münsterländer*, 32 Prozent, und ich wiegte abschätzig den Kopf: na, rin in' Sack! (Mehl und Brot ist die Schwierigkeit! Aber das ist fast nicht zu machen!) So warf ich ein böses Gesicht um mich, ging ein Weglein nach unten und stand schon wieder bei meinem Rad (wie gut, daß die Bereifung Vollgummi war, sonst hätte ich längst zu Fuß gehen müssen). Na, ne kleine Rundfahrt tut den Beinen gut.

Flasche Schnaps aus dem Münsterland

Ein Sportplatz: Das Gras ging mir bis zum Gürtel, und auch die 400-Meter-Bahn rundherum war fast ganz zugewachsen. Vorn am Eingang gilbte noch ein Papier im Kasten, Schreibmaschinenzettel vom Schriftführer Struve: Spielgemeinschaft Benefeld-Cordingen, die Aufstellung für nächsten Sonntag (den sie nicht mehr erlebt hatten!): Rosan, der linke Verteidiger, Mletzko und Lehnhardt die Außenstürmer, Nieber in der Mitte; ach, du lieber Leviathan, weiß und rot mochte ihr lustiger Dreß gewesen sein, oder gelb und schwarz; na, da raschle nur weiter. Drüben die Straße hinunter standen auch noch ein Dutzend Häuschen.

Beim Grammophonspielen: (‹singender klingender Melodienreigen› hätten sie bedenkenlos im Südwestfunk gesagt) und ich erschrak des Todes: Duke Ellington* sein Gesicht!! (Dafür kann er ja vielleicht nischt; aber dann noch solch akustischen Abfall zu produzieren: dadurch wirds ein Makel).

US-amerik. Jazz-Musiker (1899-1974)

»*Kennen Sie den alten Scheich von Pakistan?*« – ‹Pakistan?› zweifelte tonlos ein flinker Chor,

»*Der sich all die vielen Frauen hält –*« – ‹Frauen hält› – Ich spielte die Platte gleich nochmal, so süß heulte es aus den Luftröhren der ⌜Nihilisten⌝, und dann

»*Ich liebe Dich!!*« betheuerte (mit ‹h›) ein Männerchor so infernalisch dröhnend, daß es mir eiskalt über den Rükken lief; na, fünf Minuten noch.

»Ich fürcht mich so / im Dunkälln –: nach Haàus zu gehn ....« Nun, es war Zeit, dem tapferen Blödsinn ein Ende zu machen; Mozart* war mir zu schade dazu, so tats denn ‹⸢Sousa, Washington Post⸣›: »Sie hat ein Kind – sie hat ein kínd-lí-chés-Gé-müt«: »daradattá, daradattá: da-dá«: Mann inne Tünn, was kann man Alles in der ⸢meilleur des mondes possibles⸣ erleben, bzw. veranstalten! Ich versetzte dem Namensschild des Inhabers, freilich war es ein Zahnarzt, einen komplizierten Tritt, und verließ das Lokal, in dem es noch immer blechbläserisch wumpte: »sie hat ein' Floh – sie hat ein fló-rén-tí-nér-Hút: daradattá, daradattá ....«

Österr. Komponist (1756-1791)

So sott die wilde Maisonne, daß ich mich unten aufs Pflaster setzte, mitten auf den Asphalt, und die Füße streckte (Rad stand im Schatten, ja? – Warum eigentlich?) Aber ich war dann doch zu unruhig und raffte mich wieder hoch: ein Fahrrad zu führen ist wunderbar! Und diese leeren Orte noch schöner; auf der Kreuzung fuhr ich acht Kreise; als ich Rücktritt nahm, stand ich wie eine Mauer.

Illustrierte: die Pest unserer Zeit! Blödsinnige Bilder mit noch läppischerem Text: es gibt nichts Verächtlicheres als Journalisten, die ihren Beruf lieben (Rechtsanwälte natürlich noch!). Die ‹⸢Gondel⸣›: fast nackte Mädchen besahen still und unschuldig ihr Geschenkel, und da mußte ich doch schlucken, und einige Häuser zurückreiten.

*Duliöh!** so blieb ich vor dem Schild stehen und nickte hocherfreut: Mensch, 8 miles von hier war ein englisches Verpflegungslager gewesen, und ich sah auf dem Conti-Atlas* nach. Wenn da noch Einiges vorhanden wäre, bedeutete das längeren Aufenthalt in dieser Gegend für mich, und ich sah mich mit erneutem Interesse um. Am besten schnell was essen und dann gleich los, ohne Anhänger. Aber dann sah ich das Postamt und ging da noch erst mal kurz revidieren.

Weinseliger Ausruf in Operetten

Straßenatlas der Firma Continental

Zack: das Handbeil oben in den Türspalt, dehnen und biegen, und schon zersprangen mittschiffs die Riegel: ein kleiner Vorraum. Gegenüber die Telefonzelle; ich schritt kalt hinein und raffte den Hörer zum Ohr: »Mnja?!«; ⌜Utys meldete sich⌝; ‹tote› Leitung, also auflegen, sorgsam, auflegen.

Interieurs: Drei Schalter, braun umholzt; drei Pulte, eine Bank für die Kundschaft, ⌜maid in waiting⌝. Mit einem Satz war ich auf dem Zahlbrett und hinüber, im Allerheiligsten. In Büchern blättern. Einschreiblisten, Geld war gezahlt, Stempel ragten von ihren dörrenden Kissen, Tinte trockte* rot und schillergrün, nutzlos hingen die milchernen Lampenkugeln, albern, antiquiert wie ein Blinddarm. War auch die örtliche Telefonzentrale gewesen; mollige Mädchenhüften hatten über jenem staubstumpfen Polster geritten (also war das Muster scheußlich!! Blau mit gelben breiten Unblumen. ⌜Und der Geistersopran: Sprechen Sie noch?!⌝)

Wortschöpfung aus trocken u. trocknen

Vielfaltiger Mappe entnahm ich wichtig eine Postkarte (um noch dem erloschenen Gesetz meine Verachtung zu bezeigen), die grüne 10-Pfennig-Marke war schon aufgedruckt: eigentlich könnte ich eine schreiben, und ich spreizte überlegende Finger, schon im Sitzen. (Falls wirklich außer mir noch ein Mensch am Leben war. Und zufällig hierher kam. Und die Karte sah ...); und schon schrieb ich

⌜*An* Herrn Klopstock (‹Gottlieb› oder so), Superintendent, Schulpforta bei Naumburg – und die Postleitzahl machte mir doch Skrupel: Naumburg: das war doch schon drüben in der ehemaligen deutschen deimokratischen Republik; na, machen wirn Fragezeichen in den Kreis, Ordnung muß sein.

»Anbei den Messias zurück«. Und Unterschrift. (Genügt vollkommen für den Fall.)⌝

Als ich sie in den Schlitz schob, fiel mir der Briefkasten darunter ein; sofort ging ich herum und öffnete die hölzerne Box mit einem Fußtritt als Schlüssel (war nur Sperrholz, 5 mm). Da lagen zirka 50 Briefe und Karten: weiß, fahl, graublau und grün, alle mit Namen, Zahlen, Daten, Liebste glaub an mich, und Lotterieanzeigen (einen Brieföffner brauchte ich nicht).

»*Vielen Dank* für Ihren lieben Brief. Und Ihr Mann muß immer noch auf Wache gehen. Nun, einmal muß es ja wieder besser werden ...« (das ‹muß› unterstrichen; hier zwängte ich den Kopf ins Genick und feixte durch alle Öffnungen) ... »... Lux hat sieben Junge gehabt ..« (‹Lux›: eine große sandbraune Schäferhündin; wußte ich intuitiv, und nickte anerkennend; las aber nicht weiter, da sie die Kleinen doch bloß – – na ja).

»*Gestern ging ich* am Hause Deiner Eltern in der ⌜Brüderstraße⌝ vorbei, und habe, im Schatten der Kirche, lange ins Lampenlicht gestarrt, bis die Fenster neidisch und scheinheilig anliefen, wie Nachbarsaugen; die kranke bleiche Abendluft kam, kalt und süß, wie eine schlanke grauhaarige Geliebte, ‹zart und schwerfällig› fiel mir ein, und ‹⌜Nebel⌝›, ach unser Leben.« Ich runzelte strenge und bitter Brauen und Mund und sann ins gesplitterte Holz, stöhnte durch die Nüstern, nickte, lachte höhnisch, weiter: »... Morgen lasse ich ‹das hier› im Stich, und fahre zu Dir! Lange kann es ohnehin nicht mehr dauern, und wir wollen wenigstens noch eine Stunde zusammen ..«

Ich faltete schamhaft den Bogen wieder, und grüßte mit Haupt und Hand den ⌜Kollegen Schattenreisenden⌝: fahr nur zu Deiner Johanna! Hoffentlich hast Du sie noch erreicht, ehe die Wasserstoffbombe neben Eure Umarmungen schwebte, ⌜einmal lebt ich wie Götter und mehr bedarfs nicht⌝ (ist aber auch ⌜cosa rara, und das wiederum eine Oper von Martini⌝).

Noch eine Postkarte: »Erbitte mir .... an Sie heran treten zu dürfen ....« Rhabarber, Rhabarber .... kurzum: der wollte die Schreibmaschine nicht bezahlen. Geld. Geld. Na, es wurde mir zuviel, und zwar bald. So stand ich denn auf und verließ lautlos pfeifend die Situation.

Kauen (zwei von den Büchsen waren noch gut!), und die halbe Feldflasche voll Tee genügt vollkommen; eine Stunde brauch ich höchstens bis hin. – Ob ich den Anhänger mitnehme? Der Rucksack genügt aber auch; nachher ist Alles leer, oder zerstört, oder verfault, oder? Ich kratzte mich, wütend vor Unentschlossenheit, am Kopf; ach Quatsch, bloß den Rucksack. Alles andere wird sich an Ort und Stelle ergeben; ist ja schließlich keine Entfernung.

⌜*Autores fideles und autores bravos*⌝ (wie die Spanier bei den Indios unterscheiden): mir fiels ein, als ich den Cooper aus dem Gesäck holte: wir sind beide bravos. (Ähnlich wie beim Schopenhauer und Buddha ohne Übergang aus einem Verbrecher ein Heiliger wird, hat mich das Leben aus einem Pedanten zum Vaganten* gemacht; nicht ohne daß sichs manchmal noch wunderlich genug mischt. – Und ‹Satanstoe› ist gut: sogar witzig und kulturhistorisch plastisch; sehr fein!)

Im MA: Fahrender Spielmann oder Schüler

Immer den rotblauen Schildern nach (und die Landschaft scharf im Auge behalten): schön, die weiten wirren Wälder, und leeren Wiesen; ein lichtgrüner Buchentunnel zur Rechten (muß bis zur Rückkehr warten: aber schön ists!)

Verfluchter Mist!: schon wieder lag ein Telegraphenmast über der Straße und die Drähte wirrten sich durch den gelben Löwenzahn. (Wenn ich die Strecke wirklich öfter fahren sollte, muß ich das nächste Mal Säge und Axt mitnehmen: so ein Krampf! – Bloß gut noch, daß es kein stählerner Überlandmast war, sonst hätte ich das Gerümpel gar wegsprengen müssen!)

Sechs: verwilderte Pferde, wie? Oder! Ich schraubte blitz-

Stellschraube am Fernglas

schnell am Mitteltrieb*: Tatsache: Pferde! Sie gingen still am Waldrand und grasten, griffen mit breiten Lippen zu: ich war bloß 300 Meter weg. – Das ist selten! Einmal hab ich, bei Fulda, eine kleine Rinderherde gesehen, und, nach größter Mühe, ein Stück schießen können. – Also Wild hats auch hier!

Ort im Kreis Fallingbostel

Ein Nest: Walsrode* (Zwei Straßen, Schilder, alberne Rechtsanwälte, albernere Richter, bloß gut, daß Alles ein Ende hat!)

(engl.) Gewehr, Büchse

Ein Beamter hätte überleben müssen; so Einer, der den Notizzettel durchstreicht, ehe er ihn zerreißt und wegwirft: ach, ihr Lumpen! Ich warf gleich einen verdorrten Blumentopf durch die Fensterscheiben des Amtsgerichts, und wartete, die rifle* auf der Patronentasche, auf das erste entrüstete Sekretärsgesicht – – schade! Ein' Fuß auf dem heißen Bordstein; den andern auf der linken Pedale: Vielfältiges zog mir durch den wolkenschweren Sommersinn, nicht zu singen, in keinen ⌜Lais⌝, nicht zu sagen, in keinem Satzgebände. Einmal neigte ich den Kopf, das Haupt, vor ⌜August Stramm: dem großen Dichter! (Auch Albert Ehrenstein⌝, sagt was Ihr wollt!)

Kurz dahinter: Durchfallerscheinungen.

Ort bei Cordingen

Die Straße war wunderbar und ich flitzte wie von der Bogensehne. Ein einsamer Bahnhof ohne Ort: DÜSHORN*, und ich nickte anerkennend: ohne Ort! Das ist immer ausgezeichnet. Und gleich dahinter

die Wellblechhallen: (war rechts eingebogen; viele Gänge; kiesige Wege; die Vorlegeschlösser sprengte ein Schuß)

Die Wellblechhallen: Biskuitkanister: und ich schnitt gleich einen auf: Alles noch gut; und das schmeckte! – Wieviel mochten das sein: Fünftausend? Oder Zehn?! – Mein Schritt klopfte in den hohen Metallgewölben, gedämpft zwischen Regalen; aus Lattenkisten blinkten Büchsenköpfe; süße feste Marmelade grub ich mit dem Taschenmesser aus vergoldeten Zylindern: auch noch untadelig!

Bekleidung? Na, das ist nicht so wichtig (aber hübsch sah das linde Gelbgrün aus); höchstens ne Decke.

Ein Büro mit Schreibmaschinen: hm.

Ein kleiner Bau: Schnaps und Munition! Was war das tertium comparationis*?: Feuer? Aber die Patronen waren meist grün und feucht, obschon wohlgefettet. 80 Schuß schienen o. k.; die nahm ich mit.

(lat.) Vergleichspunkt

In einem Faß der Hahn: und funktionierte gar! Mißtrauisch: soll ich kosten? (Besser nicht; die Gifte sind in Alles eingedrungen; eigentlich darf man nur Glasflaschen mit Stanniolköpfen trauen). Also goß ich den Becher seufzend auf den gerillten Zement. – Rauchen tu ich nicht mehr (seit 43); also nützen mir die zahllosen Packungen auch nichts, Craven A* mit Korkmundstück: far väl!*

Zigarettenmarke

(schwed.) Leb wohl, adieu!

Wind? (Ich sah vorsichtshalber einmal hinaus): blauer Wind rauschte endlos ums Haus in großen Fahnen; auch die einzelnen Wolken bewegten sich faltig und bauschig und unruhig. – Aber das Lager war tadellos: davon kann man jahrelang leben! – Ich schnallte einen Kekskanister auf den Gepäckträger und fuhr nachdenklich zurück, im Rucksack allerlei hors d'œuvre*.

(franz.) Vorspeise

⌜*Unter der linden an der haide*⌝ (eigentlich: im Buchentunnel zwischen Walsrode und Ebbingen): Der Leberkäse war gut; Sphärengeschmack; von dem hol ich mirn ganzen Anhänger voll: habt ock* verfluchten Dank! (‹Ihr Hunde: mein Geld›; das sind alles schlesische Redensarten)

(schles. dialekt.) auch

Und die zahllosen Granitklötzchen summten unter mir, linksherum, rechtsherum; nach sieben Minuten war ich keuchend wieder auf dem Asphaltband zwischen Ebbingen und Cordingen: beamtenhaft wiesen leinölfarbene Schilder in alle Richtungen der Rennbahn: oh, ihr Vernünftigen! Weit und grünlich die Spätnachmittagswiege, durchbäumt, Waldstücke überall, und der Wind war frisch und wies mich flötend zur Heimat wiesenein; und ich glitt, wiegend und über harten Stampfschenkeln, die wellige Teerbinde entlang: es lebe die Einsamkeit!

Unfertig (auf halbem Weg rechts hatten sie angefangen zu bauen). Ich ging zum Brunnenschacht und lehnte mich über die feuchte hallende Röhrung (stand das Rad noch da? – Ja).

In der modernen Ruine: das hatte wahrscheinlich die Küche werden sollen. Das: vielleicht ein Stall? Die Wohnräume gaben Aussicht auf die Wälder ums Ostermoor. Ging gegen Abend, und die Sonne bei Wolkenufern; doch blieb es warmundhelle, und leuchtete nur langsam ab; Gräser und Straßenraine, zerfallendes Licht: und weit drüben ein Häherpaar pendelnd über den Forsten.

Tiefe Traurigkeit: Ich strich mit der Hand über das mühsam Gemauerte; mein Mund bog sich nach unten, die Füße hafteten im Dielenlosen: das war nun das Ergebnis! Jahrtausendelang hatten sie sich gemüht: aber ohne Vernunft! Hätten sie wenigstens durch legalisierte Abtreibung und Präservative die Erdbevölkerung auf hundert Millionen stationär gehalten; dann wäre genügend Raum gewesen, abendlicher, wie jetzt über jenen lieblichen Gründen und dämmernden Fluren, Licht und Pflanzen schlossen den ⌜Hainbund⌝. Aber alle ‹Staatsmänner›, die Waschweiber, hatten dagegen geeifert, mit welchem Buchstaben ihr Name auch anfing – ⌜ach, es war doch gut⌝, daß Alle weg waren: ich spuckte leberkäsig aus, so viel ich konnte, daß unten der Sauerampfer zitterte: nein!! Es war doch richtig so – Dann bummelte ein Rad die Straße hügelab (links die Apfelallee in eine Kolonie Hünzingen; rechts die Filiale von Trempenau) ‹nach Hause›. ⌜(Ich fürcht mich nicht im Dunkeln nach Haus zu gehn).⌝ Und wer die ⌜flying fortress⌝ will, bekommt den blockbuster* obendrein.

Große Bombe (Militärjargon)

⌜*Malepartus*⌝ (aber die Wirte schienen indigniert* ausgezogen; na: ewig bleib ich nicht!) Ist denn kein Papier im Hause; ich erbrach die Schreibtischfächer, daß es knallte; eine lederne geprägte Mappe, ein Mensch ärger

unwillig, entrüstet

Dich nicht (wie zum Hohn), und ich wurde zusehends ungehalten; endlich ein Buch: ⌜Rilke, Geschichten vom lieben Gott⌝, du kommst mir gerade recht; und ich riß der Goldschmiedsprosa sogleich die benötigte Anzahl Blätter heraus: schon der Titel empörte mich; feinsinniges Geschwafel; auch so ein ⌜Pneumatomache⌝: geh zu den Guacharos*!

Nachtpapageienart in Südamerika

Diesmal flanierte ich nach der entgegengesetzten Richtung, auf den Fabrikschornstein zu. Ein Fußsteig führte nach links bis zum Bahndamm, gleich neben der Brücke, und da sah ich schon, daß eins der Geleise hinter ins Fabrikgelände lief, also ihm nach, über die torfbraunen Schwellen.

Holz, viel Holz! In mächtigen Bretterstapeln unter Schuppen; in Sperrholzplatten, aneinandergelehnten. Auch Balken, aber weniger. Im Hof noch Riesenstämme, elefantengrau, Buchen zumeist, von 80 bis 100 Zentimeter Durchmesser: schade um die schönen Bäume. War aber alles superb* trocken das Zeug, würde im Winter brennen wic Gift. – Na ja; ich erhob mich seufzend (ob der vorgestellten Schinderei beim Sägen und Hacken solcher Mengen) und schlenderte nachdenklich aus der Umzäunung, vor der wiederum steif die Zebrabeine des bewußten Schildes warteten: das war also die Holzindustrie.

(franz. superbe) vorzüglich, prächtig

Birken aus denen der Saft lief. Irgendwo (auch irgendwann) hatte ich gelesen, daß man tatsächlich Wein draus machen kann. ‹Birkenwein›, mädchenröckiges, wehendes Wort (auch feinsinnig werden, eh? Und ich bummelte empört weiter über die Schwellen).

Was war das?: ach so. Im Glas sah man sogar die primitive Leiter des Hochstandes genau, und ich träumte mich einen Augenblick hinauf, wo der Wind Haut und Haare glatt strich, weit umher nur die glänzenden einsamen Wipfel; Natty hatte schon recht: Wälder sind das Schönste! Und ich war erst Anfang Vierzig; wenn Alles gut ging (?) konnte ich noch lange über die menschenleere Erde schweifen: ich brauchte Niemanden! –

Der Bahnhof: Lütt und proper*. Güterwagenrot: da standen sie, einzeln und in Ketten, und ich mußte wieder daran denken, wie im vorletzten (zweiten) Weltkrieg wir Kriegsgefangene zu Fünfzigen in die Dinger gesperrt waren; die Holländer schmissen mit Dreck und Ziegelbrocken, daß die Wände knackten, furchtbar und langweilig. Auf einem Nebengleis eine kleine ⌜Draisine⌝, und ich versuchte zum Spaß meine Kräfte daran: rollte verhältnismäßig leicht (aber es ging wohl auch ein wenig bergab).

Klein (nddt.) und sauber, ordentlich (franz. propre)

Das Karawanserai gegenüber:* Bierplakate in lebhaften Emaillefarben. Zur Zierde ein neckisch gläserner Bücherschrank in dem gefällig der Schlüssel stak; ich klappte eins der Bändchen auf: »... ⌜Man erschlage ihn / Mit einer Keule doppelten Gewichts⌝ ...« und ich entfloh sofort. (Noch auf dem Flur zischte mir die Lachluft aus breiten Lippen: wahrscheinlich hatte es damals im ⌜hunnischen⌝ Lager die ‹leichte Feldkeule 53› gegeben; sowie auch die ‹doppelte FK 17› für Schwergewichte: wohin kann einen Rhetor* sein Wortvorrat verführen!)

Oriental. Gasthof

Redner

Unten: eine Mühle neben zwei schönen Teichen; der Brückensteg durchgefault, aber ich balancierte über die Balkenköpfe. Kleiner Platz mit einer ungewöhnlich hohen Thuja*, mindestens 15 Meter maß sie; ein größerer Hof; zur Linken die lange Schuppen- und Garagenreihe: was sollte ich in den Menschenhöhlen? Wieder die ewigen Skelette betrachten? Wieder denken: das mag ein Dicker gewesen sein, der zufrieden am Abendwürstchen kaute; dies ein Leptosomer* mit Baskenmütze und ⌜Menjoubärtchen⌝; dort ein Trottel mit kahlem Eierkopf; hier eine christlich orientierte Jungfrau mit oder ohne Brille. Ein kleiner Straffer, mit Postbotengang und philoso-

Lebensbaum

von schmächtiger Gestalt

phischer Stummelpfeife (der aber doch heimlich ins Toto setzte). -- Auch drohte ein kurzer Platzregen, und ich schnürte ab, nach Norden, zum Hauptquartier (Zeltbahn übers Rad und Anhänger decken). Rechts hatte noch eine Kreissäge gestanden.

Dämmerung: für eine phantastische Erzählung fiel mir ein: kleine geflügelte Giftschlangen, die, zumal im Dunkeln, umherschwirren; schreckliche Folgen (und erfand gleich den ältlichen Titel:

⌜Achamoth
oder
Gespräche der Verdammten,
das ist
gründliche und wahrhafftige Beschreybung der Reise, so Giovanni Battista Piranesi, napolitanischer Schiffer, in autumno des Jahres 1731
nach
Weylaghiri, der Höllenstadt,
gethan,
enthaltend eine ausführliche Darstellung von Land und Leuten, deren Sitten (vielmehr Unsitten), seltsam hellischen Gebräuchen, Institutionen, auch absonderliche und mitleidswürdige Qualen, sowie die merkwürdigen Dialogen, welche besagter G.B.P. zu unterschiedlichen Malen unter großen Gefahren für Leib und Seele daselbst geführt oder belauschet; Alles
nach Dessen
eigenem oft beeideten Bericht,
so er am Abend des 11. Maii anno domini 1738 und der darauf folgenden mondhellen Nacht auf der Piazza di Pesci zu Napoli in Gegenwart der seit langem dort ansässigen Herren doct. utr. jur. Markmann und Volquardts, des reisenden Past. emerit. Stegemann aus Dresden, sowie des Autors und einer großen Menge

Volkes aller Stände in italiänischer Zunge abgeleget;
neuerlich zu sonderbarer Belehrung und
geistlicher Befestigung
des teilnehmenden publici sorgfältig ins Teutsche
übergetragen.)⸣

Hat viel geregnet.

Der Mondkeil wurde in eine Wolke getrieben, daß sie langsam spaltete; dünnes margarinenes Licht fiel auf das Unteroffiziersbild neben der Tür: der Dank des Vaterlandes: das hieß in jenen guten Zeiten nach dem ersten Weltkriege: einen Leierkasten, und das Halsschild ‹keine Rente›. (Aber die Deutschen schrieen ja noch zweimal nach Männchen machen, und »⸢Es ist so schön Soldat zu sein⸣«: ⸢they asked for it, and they got it!⸣)

Ich erwachte: so stierte der Mond durchs Seitenfenster in mein taubes Gesicht. Unermüdlich kamen sie: Tag und Nacht. Einmal würde ich keuchend irgendwo liegen (hoffentlich gings schnell; und ein Schuß als Freikarte für die Fahrt ins Blaue mußte immer im Colt bleiben). – Ich lehnte mich an die Wand, die Kniee angehockt, und sah denkend mit Eulenaugen in den langsamen Lichtwechsel.

⸢*Reziproke Radien* (und der Einfall faszinierte mich für 5 Minuten). – Denken Sie an graphische Darstellung von Funktionen mit komplexen Variabeln, und zwar eben an den erwähnten Spezialfall: ein schicklichstes Symbolum von Mensch im All (denn der ist der Einheitskreis, in dem sich Alles spiegelt und dreht und verkürzt! Die Unendlichkeit wird zum tiefsten inneren Mittelpunkt, und wir haben durch den unsere Koordinaten gekreuzt, unser Bezugssystem und Maß der Dinge. Nur die Peripheriehaut ist sich selber gleich; die Grenzscheide zwischen Makro und Mikro. – In einer Einheitskugel könnte man ja einen dreidimensionalen unendlichen Raum projektiv wiedergeben. –)⸣

Hübsch und eine kluge ⌜Gedankenspielerei⌝; für 5 Minuten.

Je weiter sich also die Geliebte entfernt: desto tiefer dringt sie in uns ein. Und ich drückte die Stirn auf die Kniee und flocht Finger durch Zehen.

(Kurz draußen). Mond: als stiller Steinbuckel im rauhen Wolkenmoor. ⌜Schwarze Spiegel lagen viel umher⌝; Zweige forkelten* mein Gesicht und troffen hastig. (‹Hat viel geregnet› heißts wohl auf Einfachdeutsch). Dumpfschlaf.

mit dem Geweih kämpfen (Jägerspr.); Forke: Heugabel

Ich steckte noch das kleine Handbeil in den Gürtel und schob los, in die letzte noch unerforschte Richtung, also Nordost. Dem Marschkompaß nach gehen die Schienen fast genau nordwärts, und auf den Schwellen läuft sichs leidlich (nur der Abstand: ist kleiner als ein Männerschritt, und, wenn man eine überschlägt, wieder zu groß. – Am besten ne Eingabe deswegen machen).

Ein Bauernweg quer drüber (hinten die Sonne schwebte durch weiße Wolkengewinde, brennende ⌜Montgolfière⌝: und ich hob die Hand vor ⌜Pilâtre de Rozier⌝, abgestürzt am 16.6.1785, der Erste der langen Reihe, ⌜Ikarus⌝ unpräjudizierlich); ich ging diesen Bauernweg, der in leichter Schwingung nach Westen wies, links am Wald entlang; in der Mitte der 500 Meter breite Streifen dessen, was einst Felder gewesen waren; und drüben wieder Waldketten, licht und düster. Der Wind war kühl, rasch und hold, und ich lächelte als junger Wanderbursch in den Grünzauber ringsum. Ein Brombeerdorn zog eine rote Gerade quer übers Wurzelglied meines rechten Zeigefingers; ich sah es, kurz und kalt im Gewehrzurechtrücken, und der winzige Schmerz verfloß in die Wälder.

Viele Pilzruinen (noch vom vorigen Jahr her); weit drinnen dahlte* ein Wässerlein durch stark grün verbrämte Reiser, sickerte aus einer großen Wiese zusammen, gesetzlos und schön.

faselte, tändelte

Ich hatte die Richtung drinnen verloren, und fand mich plötzlich am Waldrand wieder, nur hundert Meter vom Schienenstrang, auf einem kleinen freien Stellchen. Wacholder bildeten zwei feine Halbkreise: das mußten sehr alte Pflanzen sein, der Größe nach zu urteilen (werden 800 bis 1000 Jahre alt; ich nicht). Auch war der Boden so fest und sauber, daß ich mich behaglich seufzend hingoß. Wunderbar!

Die schrille Sonne fuhr hinter sausende Wolken; das graue fette Vließ* dehnte sich; zwanzig Minuten später lag es überm ganzen Moor (und zwar für eine Stunde).

Schaffell

Mailicher Regen: ich saß darin gelassen wie ein Stein: schön, so am Waldrand durchzuregnen bei völliger Windstille (im Mai-Land; nicht Milano) und ich bewegte entzückt die feuchten Schultern und Waden.

Die Feldflasche?: Ja! – (Ich habe immer nur getrunken, um die Bildkraft der Seele zu steigern; dem geschundenen Geist die irdenen Bremsklötze wegzunehmen; die Peripherie des Einheitskreises zu weiten: reziproke Radien; also doch!). (Und von gestern her kam funkenschnell ein Bildchen: die schöne Birkenallee von Borg her; ein kleiner Friedhof mit Spitzbäumchen von Taxus*; eine plumpe Kirchenscheune – einen Geschmack hatten diese Bauern gehabt! Neben einem Meilenstein ein meterhohes Holderchen)

(lat.) Eibe

Ich atmete tief und feurig, und trat sicher in die graubuntgrüne Luftnachdemregen: stand: in jeder Hand eine rauhe Jungkiefer. Zwei Vögel schossen drüben aus dem gesägten Baumband, kurvten kreischend hoch, zogen dahin, dahin vor der Westwolkenbrandung, schrieen noch einmal indianerhaft, und versanken hinter der stillen Bodenwelle wie geworfene Steine. (Die Drehzahl eines Geschosses ist $N = V_0 \cdot \tan \xi_e / 2 \cdot R \cdot \pi$, worin ξ_e der Enddrallwinkel, und R das Halbkaliber in Metern ist – weil ja auch V_0 in Metern angegeben wird!)

Der Abend: schrecklich und schön! Feuerrote und weiße Nebel traten aus den Gründen und Hainen, wie Schmuggler mit silbernem und brennendem Gerät; kamen zusammen und hielten Rat in Senke und grauem Gras (da kehrten auch die großen Häher wieder, und fielen streng ein).

Die Karte: ich hatte das Blatt auf dem Knie und schätzte: gleich weit nach Hamburg, Hannover und Bremen. (Die schienen drüben zu einem Entschluß gekommen zu sein: geduckt und grau trennten sich die Gruppen; schwanden lautlos die Birkenstraße davon, krochen durchs gelbe Vorjahrsried*: einer blieb hochaufgerichtet als Posten).

Schilf, Röhricht

Das englische Verpflegungslager gleich bei der Hand: da lag Vorrat für 10 Jahre! Unten in der Fabrik Holz genug für einen ganzen Clan, der siedeln wollte. (Jetzt neigte sich die Wache langsam nach vorn, und schob sich, jede Gelegenheit tarnend ausnützend, in die Wildschonung).

Wasser: War hinten der Bach-Graben; und Regen hats in Norddeutschland überflüssig genug. Auch die Arbeit beim Bau, Sägen und Hacken, Schleppen und Transport, würde mir gut tun (dick werden: die Sünde wider den heiligen Körper!)

Ich erhob mich unter einem mittleren Mond; ich sagte: »Herr von Baer (oder wie der Besitzer sonst heißt): ich danke Ihnen für die Überlassung dieser Waldstücke: ich werde hier nämlich ein Haus bauen, und nehme somit das Ganze« – ich wies ungeduldig mit der Hand um den Horizont – »in Besitz –«. (‹Erb- und eigentümlich› fiel mir noch an juristischen Formeln ein: gibts so was?)

Ich steckte das kleine Handbeil in den Gürtel (schräg!): der Umstandswauwau. Und trat fest auf den – meinen! – Weg. Der Abend loderte noch still mit breiter schon gedämpfter Glut und silbernen Wolkenflammen (war aber zu faul zum Figurenlesen). Wohl wußte ich, wo ich lief: in umbüschten Gründen im Osten rann Lütt-Warnau;

Erde unter mir; in Rücken und Flanken die großen Waldhaufen – meine! –, straßenumsponnen; wieder erschien im Nacken der Mond als Meilenstein: 17 müßte ihm im Gesicht stehen (oder 18; immer großzügig). Junge Blätter legten sich willig und wellig und breit um mein glattes Gesicht: wollt ihr euch schon beim Herren einschmeicheln? (Alles meine Gesellen!)

Vorm Einschlafen: trotz Müdigkeit schon eine Zeichnung gemacht fürs Haus. Morgen muß ich gleich noch einmal in die Wacholderringe und genau die Stelle ausmessen, wie hoch usw. (Und auch für den Schuppen. Am besten gleich mit Pflöcken abstecken. – Im Ort noch Millimeterpapier suchen).

Lange davor sitzen: (vor den Brettern drüben im Lager): ist das schwierig! – Als Erstes muß ich die Transportmöglichkeiten klären: da ist oben am Bahnhof der kleine Plattenwagen von gestern; den kann ich mit Balken etc. beladen, und bis an die Wegekreuzung schieben (erst muß ich aber noch Rost klopfen und ölen); vom Bahnhof ab fällt auch das Gelände nach Norden etwas: das ist sehr gut. – Was für Balken kann ich eigentlich bewegen? Da waren Vierzöller, Sechszöller, 8 Zöller*: ich entschied mich für die 15 cm zum Hausgerüst und rechnete: Spezifisches Gewicht ungefähr 0,7; Querschnitt 225, durch 10 ergibt gleich Kilo, also wiegt der Meter davon rund 30 Pfund, und ich fluchte innig: Dreißig Pfund! Stand sofort auf, und versuchte ein 10 Meter langes Untier zu bewegen: sieh da! Mit Gewalt würde ich ihn vielleicht draufhebeln können. – Dann versank ich wieder in das Studium der Holzverbände, deren Abbildung ich in einem alten Lexikon gefunden hatte.

Holzbalken von 10 bis 20 cm Stärke

Ja: jetzt rollte sie! (Und auch die eine Weiche, gerade die, die ich brauchte, unbedingt, ließ sich knarrend stellen: wenn das nicht ein Zeichen ist!). Vier der Ungetüme würgte ich mit Stangen und Stricken auf die niedrige Platte und begann *die Probefahrt:* hei-li-ges-Etwas! Ich stierte benommen auf die groben Kiesel und meine staubbraunen hohen Schuhe, die sich von Schwelle zu Schwelle stemmten: wenn ich bloß erst oben am Bahnübergang wäre! Der Schweiß tropfte schön unrhythmisch, und ich bog mich verzweifelt, stemmte auch den edelsten Teil mit an; die Bäume wandelten wie die Schatten an mir entlang, mein lieber Freund, einmal wär ich fast abgerutscht (‹Wer abrutscht kann nochmal›), und die Kniee bogen sich immer steifer (wenn mal eins nach hinten schnappt: das soll es geben!). Aber jetzt erschien ein staubiger Holzbelag unten im schiebenden Blickfeld: gleich kam, Herr des Himmels, die Weiche. Ich stampfte noch einmal keuchend an, und brachte den ⌜Geleitzug⌝ über die Stelle: nie wieder eine Landpartie! –

Den Hebel umgelegt: jetzt aufpassen: kurz anschieben, dann aufspringen und nach vorn zur Handbremse: jetzt müßte es eigentlich rollen: –

Und es rollte milde, der Wind pfiff mir nicht an den Bartstoppeln, aber stetig und bewußt. Schön rumpelten wir durch die Waldmauern, schöner, schon kam der kreuzende Landweg in Sicht; ich nahm Fahrt weg, und zog kurz davor einmal scharf durch: voilà! Genau hingekriegt. – Aber das Abladen war wieder grausam, grausam; denn zerbrechen sollte ja auch nichts.

Rückweg (langsam schieben): die andern Balken kann ich ja vorher alle zersägen; die längsten Stücke, die jetzt noch kommen, sind höchstens 5 Meter! (Lore* noch ins Holzlager geschoben, dann Schluß für heute; erst muß genau der Plan feststehen; und Werkzeug, Nägel, Schrauben, ran).

Lore: Offener Eisenbahngüterwagen

Drei Tischler waren im Ort gewesen: da hatt' ich die Auswahl (und Zeichenmaterial en masse* aus der Waldorf-Schule unten); so saß ich lange, bis in die lichterzuckende Nacht und grübelte: neben dem Bahnhof hatte

en masse: (franz.) massenhaft

auch gleich ein Kohlenhändler seinen Platz, und in den Speichern lagerten noch so 500, 600 Zentner, Eierkohle und Briketts; vielleicht warens auch 1000; ist schwer zu schätzen, so was; jedenfalls sorgloses Heizen für manches Jahr. Und dann würde man in den Kellern überall noch Einiges finden. Das ist also auch gesichert.

⌜»*Vaubansche Front*« fiel mir beim Zeichnen ein: alle Verhältnisse: von Face, Flanke, Kurtine, Kavalieren, Tenaille, Ravelin. (Interessant; ich hab mal den Bousmard gelesen)⌝ – Aber weiter:

Wehe dem Manne, der nicht wenigstens 10 Mal in seinem Leben bereut hat, daß er kein Tischler wurde! Oder der sich beim Anblick eines neuen Nagels der Vorstellung von appetitlich zubereitetem Holz und kleinklobigem Hammer enthalten kann!

Ich probierte die Bohrwinden am Treppengeländer: ob ich die dreifache Durchdringung unten fertig kriege? Ich wollte es nämlich so machen:

1.) 5 lange 10-Meter-Balken in Abständen von je einem Meter parallel zueinander hinlegen; dann

2.) rechtwinklig dazu die fünfmetrigen (das war noch einfach; da brauchte ich an den Kreuzungsstellen nur in umgekehrtem Sinne 7,5 cm tief und 15 cm breit einzuschneiden, ausstemmen; über die vier Ecken schräge Stücken legen, damit feste Dreiecksverbindungen auftreten; dann das Grundnetz mit Kieseln ausfüllen). Aber jetzt

3.) die senkrechten Pfosten: da mußte ich mit Stemmeisen durch die Verbindungen vom Typus (2) quadratische Löcher schlagen, etwa 6 mal 6, und am Pfahl den passenden Zapfen stehen lassen. Also durften die nicht bloß 2,20 hoch sein, sondern unten noch 15 mehr, macht 2,35, und dasselbe oben – also 2 Meter 50.

4.) Die Decke: Querüber wieder die 15-zentimetrigen,

und 5 Meter lang. Aber als Längsverbindungen genügen jetzt die Vierzöller, und auch zum

5.) Dach. Die Winkel: an der Basis 50, oben demnach 80 Grad; und ein Stück übergreifend, an jeder Seite 50 Zentimeter. So. – (Das Gerüst war das Schwierigste; die Bretterverkleidung fand sich leicht; hatte genug gespundete* unten). Good!

mit einem Holzzapfen verschlossene

So saß ich und rechnete. –

(4 Wochen später): und unermüdlich floß das gezahnte Stahlband im bunten Holz; weißer hölzerner Staub übersank den ausgefallenen linken Fuß, guter Staub, sammethart, und jedes Körnchen war da: man müßte die Biographie jedes Körnchens schreiben: will doch Jeder da sein! »Lebensbeschreibung eines Wacholders«; »So wuchs die Kiefer da rechts«; »Wir Moos«; »Ich war ein Vogel Habicht«; warum soll nicht »eine Schneise« ein Wesen sein? Der Bahndamm hat »Seine Geschichte«. Ein Kiesel der Beschotterung: lebt länger als Sie, Herr Leser Irgendein! »Mein Fußtapf«. »Tannenzapfen« (sind ja ganze Communities). Auf meinem Fenster standen 24 Blumentöpfe mit Bäumchensamen: so floß das gezahnte Stahlband* im bunten Holz; unermüdlich.

Säge

22. Juli 1960: Richtfest! (War zwar ein Freitag, aber was tut das mir?!). Ein Zimmermann hätte sich pucklich gelacht, aber das Gerüst stand. Und fest auch; ich war genügend drin herum geturnt. (Jetzt kam nur noch der zweite, leichtere Teil: das Benageln mit Brettern; dann noch Möbel holen – aber erst mal feiern!). Und die Flasche kam mir nicht vom Mund (die Uhr müßt' ich auch wieder mal überprüfen; am 5. 9. war die nächste totale Mondfinsternis, da würde ich auch feststellen können, ob ich noch das korrekte Datum führte. Den ungefähren Ortsmittag ergab ja außerdem jeder ⌜Meridiandurchgang⌝: Dein Wohl! Und der Malaga, Scholtz hermanos*, rann wie aromatisches Feuer in meinem Zimmermannsschlund).

Süßwein der Marke Scholtz hermanos aus Südspanien

»Die Öfen« fiel mir ein: ich hatte keine gemauerten Schornsteine! – Na; s war ja wohl nicht der erste Gekachelte, dessen Rohr frei durch die Wand ging (aber ich wurde doch ernster: auf Waldbrände würde ich sehr achten müssen!). – Und dann hatte ich auch noch keine Hausnummer! So munter war ich geworden, daß ich noch einmal heiter meiner Leistung zunickte, und dann, bebüchst und bebeilt, die Hausnummer suchen ging.

Über die dünstende Wiese: diesmal kam ich von hinten in den Mühlenhof; das Fenster an der kleinen Treppe fiel mir beim ersten Antippen entgegen (richtig: Fenster muß ich auch noch komplett irgendwo herauslösen, und bei mir im Haidehaus wieder einsetzen!), und ich schwang mich hinein: armselige Einrichtung: ein Bett mit Bretterboden, ohne Kissen und Federbetten, bloß 5 Decken. Ein zerwetzter Schreibtisch, darauf zwanzig zusammengelaufene Bücher in Wellpappkartons als Regälchen; ein zersprungener winziger Herd (na, der hat das große nasse Loch auch nicht erheizen können!), ich tippte ihm anerkennend aufs geborstene Eisen, und sah mich mürrisch um. Papier in den Schüben; Manuskripte; »Massenbach kämpft um Europa«; »Das Haus in der Holetschkagasse«; ergo* ein literarischer Hungerleider, Schmidt hatte er sich geschimpft. Allerdings lange Knochen: mußte mindestens seine 6 Fuß gehabt haben. Das ist also das Leben. Ich salutierte den beinernen Poeten mit der Flasche (den Schädel müßte man mitnehmen und bei sich aufstellen); dann schwang ich mich wieder durch die dicke Fensterhöhle, und schritt bergauf längs den verwilderten Kleingärten.

(lat.) also

Der Sportplatz: ich lehnte mich an den ergrauten Torpfosten und verschränkte sämtliche Arme: hier hatten die Hunderte gestanden, an den simplen Schranken, und begeistert ihre Hütchen in die Luft beordert, wenn »Opa« einen Alleingang machte. Ich lief eine halbe

Ehrenrunde bis zum anderen Tor (und kletterte sogar noch weiter über den Zaun; denn drüben war ein winziges Zementhäuschen gesprengt worden, wohl von den Tommies noch im vorletzten Weltkrieg, die Irren).

Die Trümmer: tischgroße Zementbrocken. Die Wände waren erst nach außen geblasen worden; dann das Dach eingefallen; auf dem Hügel wucherte es von Gras und Ampfer, Hirtentaschen und Taubnessel: hatten sie auch das kleine Ding in die Luft jagen müssen! Ich ging noch näher und bohrte mit der leeren Flasche im Gebröckel.

Tiefblau und weiß: so erschien eine emaillierte Ecke in der Tiefe, und ich pfiff hastig und ruhte nicht eher, bis ich das Schild ganz heraus hatte: 12 mal 20 und ⌜B. 1107⌝. Und ich dehnte die Augen und lachte nickend und ingrimmig: très bien*! Da habe ich also meine Hausnummer: B Punkt (oh: ein solider dicker Punkt!) Elfhundertsieben. Ich wischte das Staubige mit dem Taschentuch blank und blau: darauf konnte jedes Holz staus sein (oder »Haus stolz«; ist egal). So zog ich im Triumph in mein altes Standquartier, aß, was mir schmeckte (Eier hätte ich wieder mal essen mögen!), und vertrieb mir den Rest des (bullenheißen) Tages: morgen kommt der Fußboden rein, aus zweizölligen Bohlen! (– Quatsch: natürlich erst das Dach. Dachpappe hats oben beim Hogrefe; soviel, daß ich sie doppelt nehmen kann.)

(franz.) sehr gut!

Drei Räume. Ich teilte drei Räume ab, jeden durch die ganze Hausbreite gehend (außer dem ersten); die Außenwände verschalte ich doppelt; dann die Zwischenwände auch: Zeit und Material hatte ich.

Nochmal die Mondfinsternis (das war wieder der Pedant, der sich ums Datum sorgte!) – Nach meiner Rechnung müßte die Totalität am 5. 9. um 5 Uhr 23 MEZ eintreten; die Sonne ging dann bei mir hier kurz vor 6 auf; also würde der Mond eine Stunde vorher im Westen dicht über den Wäldern stehen; alpha betrug nur 0,5 Grad:

also war die Eintauchtiefe fast maximal: gegen 3 Uhr würde das Spektakel also anfangen. – Na, da war noch ein Monat bis hin.

Fenster: ins Wohnzimmer setzte ich zwei große dreiteilige; in die Küche ein kleines nach Osten; ein ganz schmales (aus einem Abort der Siedlung) in die Nordwand des Vorraums (und ganz oben hin). Ehe ich richtig mit dem Hobel hantieren lernte, war das Haus fertig: das ist immer so (aber dem Schuppen kams dann zu gut!).

Am Schuppenkomplex (und ich wohnte noch immer in der Uferstraße): das vorgebaute Dach war auch keine Kleinigkeit (und ich machte ihn dann doch noch zwei Meter länger; ich würde zuviel drin aufbewahren müssen. Auch das Fahrrad und alles mögliche Handwerkszeug!).

Ich malte eine Tafel ‹Verbotener Weg› und befestigte sie vorn an dem Fußpfad zur Linken, waldab (den man gehen sollte! sic!*), und der mitten in die Kolonie Hünzingen führte. Den alten Waldsteig an der Bahn entlang, der sich zu mir schlängelte, ließ ich frei: Psychologie, mon vieux*! – Sämtliche Verpflegung kam natürlich auf den Boden, unter das geräumige Spitzdach.

(lat.) So! (Hebt eine Besonderheit hervor)

(franz.) mein Alter!

⌜*Mit Besenreis in der Hand* (wie Droll)⌝: ich hatte alles ausgefegt, und die Öfen (einer mit braunen Kacheln im Wohnzimmer; der Küchenherd; ein Kessel mit Rohr in der Waschküche) standen auch schon. Ansonsten: spinnige Kiefernschonung; und ich soff, bis die Grauhaarigen um mich torkelten.

Völlig unangebracht: ein feuriger brünetter Mond in Wolkenrüschen. – Zwei Tage nehm ich zum Möbel holen; besser drei. Dann ist der 2. 9. Bis zur Eklipsis* gebe ich noch für Kleinigkeiten zu (Bücher zusammensuchen; Spaten, Hacken, Harke; der Sägebock war noch gut). Am 6. wollte ich nach Hamburg starten, die ‹Glanzlichter› zur Einrichtung besorgen; auch rare Schmöker einkassieren etc. Etwa am 10. zurück. Dann erhob sich

(gr.) Sonnen- u. Mondfinsternis

schon die Heizungsfrage; also 4 Wochen für Kohle holen; Holz sägen und hacken; Lebensmittel vom Düshorner Lager (und die Wasserentgiftungs-Tabletten nicht vergessen!) Darüber würde es bestimmt Oktober/November werden; und dann kam die herrliche einsame Zeit, viele Jahre lang: morgen hol ich die Dachrinnen und drei weitere Bütten* zum Auffangen des grauen Regens. Töpfe, Wannen, Pfannen: ich werde euer Mor-Pork* schon braten! Vielleicht kann ich fürs kommende Frühjahr sogar eine Art von Kartoffelfeld herrichten (obgleich Landarbeit mir so ziemlich das Widerlichste von Allem ist; außer Militär natürlich; Militär und Textilindustrie).

Hier: hölzernes Wassergefäß, Waschkübel

(engl.) gesäuertes Schweinefleisch in Büchsen

*Der fleckige abgegriffene Besant d'or** (ich hatte den Wekker auf 1 Uhr gestellt und starrte ihm ins gelbliche Rund); schön saß sichs auf dem Weg, mitten im leichten Sessel, und der Himmel war bleich und klar über den großen Wäldern zu beiden Seiten. In Hamburg würde ich mir ein gutes astronomisches Fernrohr beschaffen; für jetzt genügte der große Kieker und die Taschenuhr. War Alles still und kühlig; auch feuchtlich; keine Grille schrillte mehr; nur dann und wann floß Hauch durch die Pflanzen zur Rechten zur Linken. Früher mochte um diese Zeit ‹ein Zug› hier vorbeigefahren sein: ganz fern im Norden ein leises Rollen, kam näher, orgelte tief weit und nah, schwoll polternd an mit jagenden Stößen, Lichter flossen perlenschnürig vorbei, verschwanden im Süden: leises Rollen. Jetzt war Alles still: und schöner! Früher waren auf den Asphaltbändern lautlos Autolichter geglitten: jetzt herrschte nur noch der Mond:

Franz. Goldmünze

*Der Kupfergong!** Hängt blaß, ein Kupfergong, noch hoch im Äther. (Datum stimmt also genau!). Die merkwürdigen verschwollenen Lichter auf der Scheibe. ⌜Mädler hatte viele Untersuchungen darüber angestellt; das waren die eigentlichen Mondautoritäten: Lohrmann, Mäd-

Mondmetapher

Wortschöpfung: stöhnen, raunen (engl: moan)

Mondmetapher

Kalender, bebildertes Jahrbuch

(franz.) Bürger

ler, J. Schmidt, und vielleicht Fauth.⌝ Eine Eule begann sehr tief im Forst zu monen*: schien auch ihr die Gaukelscheibe* verändert? (Hoffentlich waren die Elbbrükken noch unzerstört; oder ich würde im Boot übersetzen müssen). Unten im Dorf hatte ich den Almanach* gefunden ‹Handbuch der hanseatischen Departements 1812›; altes französisches Kaiserreich hier: so war auch ich ein citoyen*. Ob außer mir überhaupt noch jemand übrig war? Wohl kaum; vielleicht irgendwo auf den Südzipfeln der Kontinente, die vermutlich noch am wenigsten abgekriegt hatten; man müßte ein Radio in Betrieb setzen können. Wind strich wie ein mächtiger achtloser Vogel weit von Westen her; wiegten sich die Gräser in schmalen grünen Hüften, knarrten leis die Kiefern, schwört es im Wacholder, bräunlich breit der Mond. So trieb ich es jene Nacht. (Und: dic mihi ..!)

⌜*Auf der Kreuzung hinter Schneverdingen*⌝, *Reichsstraße 3:* also so geht das nicht! Den Weg kann ich auf der Rückfahrt mit überladenem Anhänger nicht nehmen. (Vor Visselhövede war die Straße noch gut; aber dann bis hierher völlig verkrautet, manchmal bis über die Radachsen; hinter Neuenkirchen erkannte ich die frühere Fahrbahn überhaupt nur daran, daß die Tännchen noch so klein waren: das sind die Folgen des Kopfsteinpflasters, jetzt schon! In 20 Jahren findet Niemand mehr Straßen auf der Welt; vielleicht erkennt man die Autobahnen noch, aber in 30 sind auch die weg). Hier die große Reichsstraße war in der Mitte noch ganz erträglich; obwohl schon viel Sand eingeweht war: zurück mußte ich also den Umweg über Soltau machen; Soltau, Fallingbostel. Ja: dann nach Walsrode und von hinten herum kommen! – Ich stand steifgliedrig auf (war in letzter Zeit doch zu wenig Langstrecken gefahren), und beschaute noch einmal den Omnibus, dem ich auf dem Trittbrett gesessen hatte: sieht scharmant aus: ein Auto mit üppigem Gras auf dem Kühler! Dabei hatte ich noch nicht mal ein Drittel der Reise hinter mir; also: ‹auf die Rössel*!›

Pferde

Dicht hinter Sprötze (wo die große Bremer Straße einmündet): und die Fahrt durch Haide und Wiesenwuchs war prachtvoll gewesen; nur bei der langen Brücke mußte man ganz vorsichtig sein – was heißt ‹man›?: Ich! Das Wort ‹man› kann ich eigentlich aus der Sprache streichen! – erstens klappert der Bohlenbelag gefährlich, und dann fehlt schon jede Vierte. Aber das war Alles nicht »das Problem«, sondern dieses: ⌜vor und um (und in) Hamburg hatte ganz im Anfang eine große Schlacht (mit unzähligen Luftattacken von beiden Seiten) ‹stattgefunden›⌝ (»Jeder ist herzlich eingeladen«); es schien pueril*, anzunehmen, daß auch nur noch eine der Elbbrücken intakt sein könne! Also versuchte ichs am sichersten irgendwo an der Niederelbe, in einem kleinen Ort; da war auch noch am ehesten die Möglichkeit, ein brauchbares Ruderboot zu finden. – 25 km noch bis Neuenfelde; und schon 15 Uhr: no, bis 19 Uhr 30 bleibt es hell, inklusive Dämmerung; und die Sonne sengte ‹einem› die dünnen Leinenshorts (früher hätte ich nie kurze Hosen tragen können: die Insekten hätten mich aufgefressen; wenn andere unangefochten spazierten, hingen sie um mich in Wolken! Aber jetzt, wo die Mehrzweckbomben die meisten Arten vernichtet oder dezimiert hatten, und die Vögel den Rest leicht in Schach hielten, war es eine Freude mit bloßer Haut zu gehen). Und Beobachter waren auch keine mehr da: so zog ich gar die Shorts noch aus, und ließ mich ein Stündchen braten: Mitten auf der Kreuzung.

(lat.) kindlich, kindisch

Verflucht noch Eins! (Waren doch zwei Stunden geworden!). Ich hing mürrisch den Anhänger wieder an die Hinterachse und hob mich zum Anfahren in den Pedalen (und Sonnenbrand auf allen pikanten Stellen!)

Wulmstorf: wie gut, daß die Schilder noch stimmten; sonst hätte ich jeden Ort erst mühsam identifizieren müssen (indem ich einen Briefkasten einschlug, und die Absender las; oder beim Postamt oder Bürgermeister den Stempel probierte: was näher war!). Und jetzt nahm ich, auf der Treppe des Friseurs sitzend, den mir versprochenen Schluck Whisky: kalt und sehr stark! – Noch einen kleinen: hier hieß es genau dosieren, daß der bis Blankenese vorhielt. Nur Narren oder etiolierte Ästheten* sind Abstinenzler*: die können nie erlebt haben, wie Schnaps bei völliger körperlicher Erschöpfung Wunder wirkt. Außerdem kann ich Menschen ohne Gelüste nicht ausstehen. – Überhaupt keine!

Hier: verkümmerte Schöngeister

Enthaltsam Lebende

Und mit Whiskyschwung an den Deichen entlang: das Wasser stand hoch am kleinen Anleger, und links waren auch 5 Bötchen. (In der verlassenen Gaststätte öffnete Zugluft einladend die Türen, und ein Mövenklub brach eben auf).

Was für Wind eigentlich? Ziemlich genau West und Stärke 2–3. Demnach könnte ich sogar das kleinste Segelboot nehmen (in dem auch ein Paar Ruder lagen; so artig wars).

Großschot in der Rechten, Steuer in der Linken,* und es war Zeit, daß ich rüber kam, ⌜denn ich dachte den bekannten langen Schlaf zu tun⌝. Wie ist die Formel: das Segel soll den Winkel zwischen Windrichtung und Fahrtrichtung halbieren: so glitt ich über den blauen langen Strom, neckte mich mit den graziösen Wellchen, hielt aus Spaß eine Zeitlang auf Flottbek* zu und sah auch oft zurück, um mir die Neuenfelder Bake* als Zielpunkt für die Rückfahrt genau einzuprägen.

Leine zum Spannen des Groß-Segels

Gewässer in Hamburg u. Hamburger Stadtteil

Am Ufer postiertes Seezeichen zur Markierung von Fahrwassern

Sorgfältig festmachen das Boot (und dem Tau etwas Spielraum geben, wenn nachher das Wasser fällt). Dann stieg ich in die nächste rassige Villa: nee: war zu muffig drinnen; also entrollte ich meine Decken auf der Veranda.

Jungfernstieg:* ich setzte mich in den Straßenbahnwagen, der genau vorm Kaufhaus stand, und beabsichtigte, melancholisch hinaus zu blicken; aber es gelang mir nicht,

Straße am südl. Ufer der Binnenalster in Hamburg

und ich stieg wieder aus: linke Hand am linken Griff; sprang in einer bösen Laune gegen die Fahrtrichtung ab, und ging hinter der gelben Blecharche herum bis zur Balustrade. –

Auf dem Zettel murmelnd abstreichen: Taschenlampenbirnen 2,5/0,1 für meine Dynamolampe hatte ich schon mit Glück gefunden (ist gar nicht so einfach: 0,2 usw. findet man überall genug!); vier schön vergoldete Wandleuchter für je zwei Kerzen (also noch die Messingschrauben dazu); ebenso Nr 6, 7, 8 streichen; blieben vor allem noch Bücher und ein, zwei Bilder.

Vielleicht ne Mappe mit Graphik, was?

Ein Alsterdampfer kam unter der Lombardsbrücke hervor, Schiff ahoi, schwenkte ein, geriet gefährlich ins Wanken (denn der frische Wind rannte mit Geschrei durch die Trümmergassen), und wuppte eine Zeitlang unschlüssig auf und nieder (schien der Letzte zu sein, der noch trieb; bei den andern waren längst die Haltetaue durchgefault, die Seiten eingestoßen, gesunken: von dem links drüben sah man noch einen Meter Dach aus dem Wasser schrägen). Auch der hier hatte schon furchtbare Beulen im weißgrauen Bug, und stieß eben wieder dröhnend an den Steinrand, daß mir der Anblick wehtat.

Vor Geschäften: brauchte ich noch einen spitzen Hut? Oder Lackschuhe (auch spitz)? Mein Haar stob im Wind (was ich gar nicht schätze!), und ich trat einen Augenblick unters Portal der Petrikirche, mich zu adjustieren* (ein kurzer Blick hinein: nee, werter Nazarener*: Du bist kein Problem! Gott hab Dich selig; da das nach eurer Ansicht ja einmal Gottes Aufgabe ist).

(lat.) Hier: orientieren

Nazaret in Galiläa, Herkunftsort Jesu

Und wieder stürzte ich Türen, schlug Kellerfenster ein, zwängte mich durch Mauern, die Axt erbrach Schränke, staubdurchfunkelte Auslagen (Knochenhaufen, Rippenkörbe stören mich nicht mehr: sollte der Himmel nicht bloß eine Fiktion des Teufels sein, uns arme Verdammte noch mehr zu quälen?)

Zu gekästeltem Papier, wie es in Rechenheften ist, hatte ich von klein auf rechte Anmutung; so nahm ich auch hier ein derbes Büchlein mit (obwohls Quatsch war: das fand ich in Soltau auch!)

⌜*Neue Metamorphosen* (frei nach Ovid, fiel mir in einem Ruinenfeld ein): Ein Windgott, Flöse, verwandelt eine vor Russen fliehende Berlinerin in einen stöhnenden Schornstein.⌝ Oder den von Polypen* verfolgten Waffenschmuggler in einen Trampdampfer der Reederei Rickmers. In den Unterführungen des Dammtorbahnhofes saßen sie noch aufrecht, hart oder betend, auf Koffern und Hutschachteln, in dumpfen und karierten Kleidern; ein Mumienkind drückte's Gesicht in den dürren Schoß der grauseidenen Mutter: und ich schlenderte hallend, den Karabiner auf der Patronentasche, den Finger am Hahn, durch die Reihen der lederbezogenen Totenhäupter: und siehe, hatte der gesagt (und sich den behaarten Bauch gestreichelt), siehe: es war Alles gut! Vor der Sperre – wo ein Leichenberg haufte, drehte ich um, und ging den Korso wieder zurück: dazu also hatte der Mensch die Vernunft erhalten.

(ugs.) Polizisten

Ich war so haß-voll, daß ich die Flinte ansetzte, in den Himmel hielt: und klaffte sein Leviathansmaul über zehntausend Spiralnebel: ich spränge den Hund an!

Ein Rechtsanwaltsbüro daneben? Auch das noch! – Daß dies feile Pack: für Geld sogleich komödiantisch wortreich; gegen Bezahlung voller Gebärden des Rechts; aus Berufsinteresse Schürer und Anstifter aller Händel: auch Mörder, ⌜Ilse Koch⌝, Generale, Diebe, geizige alte Weiber, finden ja stets noch ihre ‹Rechts›anwälte! Das muß man sich einmal vorhalten, um die Entbehrlichkeit dieses Standes zu erkennen: im Altertum war der Sykophant* das verächtlichste Wesen: also daß dies Pack weg ist, versöhnt mich wieder mit der großen Katastrophe. Die kamen noch unter den Preisboxern, die sich vor

(griech.) Verleumder, Verräter

Gaffern für Geld die Fressen einschlugen: es ist doch gut, daß mit all dem aufgeräumt wurde! (Und wenn ich erst weg bin, wird der letzte Schandfleck verschwunden sein: das Experiment Mensch, das stinkige, hat aufgehört!) Solche Betrachtungen stimmten mich wieder fröhlich. Auch daß einem Theater die ganze Vorderwand fehlte, und man von der Straße aus direkt ins Parkett spazieren konnte, verwand ich darüber.

Vor dem Eisernen: schon rollte ich Tenoraugen, breitete geschmeidig (wie ich mir einbildete!) die Arme: »⌜Da standest Du vor meinen Bli-hi-cken⌝ /: ich sah Dich an –: es war um mich getan / Du meine Wonne mein Entzükken ..« (ganz leise und prononciert): »Dein ist mein Herz!« »Und ewig Dir gehör ich aaaaaaaannnnnnnn!!!« (und ich nickte zufrieden: aber wo blieb der Beifall??) Da gab ich es gekränkt auf, und entfernte mich pikierten Ganges (Hätt ich nur was vom Pi-Pa-Paddelboot geplärrt; oder »Unter einem Regenschirm am Abend«* – und schon pfiff ich das letztere).

Schlager von 1948

In der Universitätsbibliothek (Nur Studierende haben Zutritt: bitte: ⌜stud. pimp. et mes.⌝!). Schon war ich im Lesesaal und begann mit possessiven* Gebärden die Präsenzbibliothek zu handhaben: da hätte ich einen LKW gebraucht! (Gottlob standen in Celle auch die wichtigsten Lexika).

(lat.) besitzanzeigenden

Im Katalog. Ich suchte ganz sachlich nach Liste meine Desiderata* zusammen: Barockromane; ein großes Kostümwerk; Ellingers ETA Hoffmann (300 Bände standen schon zu Hause; etwa 200 brauchte ich noch).

(lat.) Fehlende, wünschenswerte Dinge

Sieh da: der alte ⌜Franz Horn⌝, Shakespeares Baladin*: hat der Mist geschrieben! Und ich nickte ihm bittersüßlich zu. – ⌜Ranke⌝; ‹Historiker› Ranke! (Wie genau er es mit der Wahrheit nahm, kann man unschwer daran erkennen, was er 1850 über ⌜Marwitzens Erinnerungen⌝ an Friedrich Wilhelm den Dritten sagte: es wäre zu früh: zu

Eigentl. Paladin: Gefolgsmann, Ritter

früh! sic! jetzt dem Volke den Glauben an den ‹seligen› König zu nehmen / Also zu früh für Wahrheit! – Und Tischrücken tat er auch noch!) So schleppte ich Arm auf Arm in den schwarzen Blechkasten unten. Aber gute Karten hatten sie auch nicht; das war Alles alter ⌜Rambo⌝: hätte doch nur einmal ein Verleger den Mut gehabt, einen Großatlas mit nur physischen Karten herauszubringen! Die politischen Grenzen änderten sich ja doch alle 10 Jahre! Das wäre ein verdienstvolles Werk gewesen; jetzt mußte ich halt zusehen, was ich einzeln fand. Wenigstens war vom Cooper so viel da, daß ich meine Auswahl daheim komplettieren konnte; aber natürlich auch wieder keine Biographie. –

In der Eisenhandlung: einen kleinen Schleifstein bitte, so einen zum Anschrauben an die Tischplatte; wenn möglich mit auswechselbaren Scheiben: da niemand kam und mich bediente, wählte ich selbst, und legte noch ein paar Stahlklingen dazu (ich will mir nämlich 2 Lanzen, und Pfeil und Bogen fertigen; das Schießen macht manchmal zu viel Krach). Ich drückte prahlerisch einen Hundertmarkschein auf die Theke: immer nobel, Robert!* (⌜»Blende ihn mit Deinem Schein«!⌝).

Norddt. Redensart

⌜*Der nackte Bronzereiter*⌝ (in der Kunsthalle) mit seinem blödsinnigen Hütchen (wenn er sonst nichts anhat, wird er gerade son kunstvollen Sturzhelm aufsetzen!); ich ging kopfschüttelnd an dem Betreffenden vorbei, und stand wieder in der Vorhalle. Glaskästen: hier konnte man für 20 Pfennig fotographische Wiedergaben kaufen (aber ich hatte schon drei Originale, sogar mit Rahmen; obwohl die goldgeschnitzten sicher nicht ins Holzhaus passen würden). – Wieder sah ich unentschlossen auf das Plakat: ⌜Ausstellung der Griffelkunst-Vereinigung⌝; noch einmal; ogottogottogott; aber dann ging ich doch seufzend und mißtrauisch die Treppe hinunter.

Tische mit Prospekten: (grünlinoleumbelegter Fußboden);

sparsam beladen mit Prospekten. Ich projizierte mir hinter den einen ein kleines dralles ernsthaftes Mädchen; kaufmännische Angestellte, mit kurzen biederen Brüsten und blauem Cheviot-Rock*; meinem lasterhaften Lächeln setzte sie sekretärene Sachlichkeit entgegen, rhombisch* fleckte die Sonne um uns, und als ich noch einen Schluck vom 50%igen genommen hatte (kalt und mißbilligend schrieb mich da der Blick ab), hörte ich auch Summen und Fußgaukelei eines besichtigenden Nachmittagspublikums. Ich rückte die Baskenmütze schiefer und ging auf die Rahmen an der Wand los.

Rock aus der Wolle des schott. Cheviot-Schafs

in Form eines schiefwinkligen Parallelogramms

⌜»*Das Gerücht*«. A. Paul Weber. Ich war besoffen, aber ich murmelte sofort: »seit Leonardo* die beste Allegorie.« (Ebenso »die große Lähmung«: dem Kraken fehlte bloß Hitlers Schirmmütze!) A. Paul Weber also.⌝ Und ich zwinkerte der imaginären Angestellten, aber schon ohne Hoffnung, zu: wenn sie bloß hier wäre; ⌜je pouvais prendre un chien hatte Tucholsky gesagt⌝. Die Stahlrohrstühle interessierten mich weniger, und ich trat nur den Kecksten aus dem Wege.

Leonardo da Vinci (1452-1519)

⌜»*Kuh am Meer*«:⌝ Nee! Ich schürzte das Gesicht, und starrte in das unsagbar scheußliche Grün: nee! – Rahmen hingen korrekt und schön über die Wände herunter: ich kippte einen hoch, um die Befestigung zu sehen: aha!: Spangen auf der Rückseite; man kann also jedes Blatt leicht rausnehmen. Aber ein Puh Dir, lieber Freund: dich Rindvieh nicht.

⌜*Magnus Zeller:** angenehm: Hick! Aber der war wieder gut: die Mondlandschaften; und die »Italienische Stadt«; die vor allem. Ich wiegte mich in den Knöcheln und fummelte lange, ehe ich das Blatt hatte und zu den zwei anderen legte (dann doch auch noch die beiden Vollmonde). Muß ich mir merken »Magnus«⌝ (obwohl mir »Zeller« durchaus odiös* war; so hatte ein Lump von Oberleutnant, damals im zweiten Weltkriege, ge-

Dt. Maler u. Grafiker (1888-1972)

(lat.) gehässig, widerwärtig, unausstehlich

heißen: den möchte ich jetzt hier haben! Den leptosomen Lumpen! Ich schöß ihn in den Bauch, ⌜»daß ihm die Kutteln schuhlang herausplatzten« – ist von Schiller, falls Sie den Stil nicht erkennen sollten!⌝)

⌜*»Der Sprung«, »Das Ende«, »Frohe Fahrt«:* wieder A. Paul Weber und ich schlug mit der Faust an die Wand: ⌜voilà un homme!⌝ (Also rin in Rucksack!) Weiter hinten ⌜Marcs »Affenherde«⌝ mit schönen Farben; ebenso ein originelles ⌜Treppenhausgemälde⌝: gar nicht schlecht. Dann allerdings auf einem Sockel etwas aus gelbem geglätteten Holz, das ungefähr wie ein weiblicher Oberschenkel aussah (.. ⌜Bembergseide⌝). »ZEN (verhüllt)« schriebs darunter, und ich stand davor, linke Hand am linken Back: »verhüllt«: das Eigentliche mußte man sich also bei den beiden Schwellungen selbst denken. (Schien nicht bloß guter, sondern sogar »bester« Hoffnung zu sein; und Risse waren auch noch drin!): Kopfschütteln. Kopfschütteln. – Dann nahm ich die Treppenknaben und ging langsam nach vorn.⌝

Die Sonne brach aus mittlerem Gewölk, blaugrauem, wie ein Bogenschuß, und ich erstarrte mitten im bildervollen Gemach:

Zuerst sah ich nichts: ⌜d'abord je ne vis rien; mes yeux déshabitués de la lumière se fermèrent brusquement:⌝ das hatte ich in unserer Zeit nicht mehr erwartet!! Ich kniete hin, den Magnus Zeller im Rücken (hol der Teufel den Schuft: den Offizier, heißt das!)

⌜*»Kinder mit Papierdrachen«*⌝*:* der Eine hob die Hand. Der Andere, Ärmerchen, lief barfuß nebenher, die Bindfadenrolle unter grünem Arm, und die blaue Himmelswand, weißgefasert, hob sich übers Gras! Ich schlug mit dem Kopf in die stille Goldluft; ich fauchte durch die Nase; ich hob die gefühllosen Hände: da!: Da flog er!

Der Dämon: huldreich und golden gebogen; Gottheit und listige Gefolgschaft, erschaffen und losgelöst, hinter einem selig Tobenden: so will ich ein selig Tobender sein. – Ich ging heran, und strich mit dem Finger über den gelben Rahmen; und lachte, als die Leine unter meinem Messer barst: ei, der muß mit!

Und gelobt sei die Griffelkunst-Vereinigung, Hamburg-Langenhorn 2, Timmerloh 25: denn ich habe den größten unsrer neuen Graphiker gesehen: ⌜A. Paul Weber! (Im Kupferstichkabinett hingen noch mehr; davon nahm ich »Die Luftschaukel« und »das Neueste«: das vor allem).⌝

⌜*Piranesis »Carceri«*⌝ und ⌜Callot »Balli di Sfessania«⌝. Dann noch einmal oben: nee. Ein Mädchenporträt: weichgekochte blaue Augen, kurzsichtige, wie Bier, blöd, dünn und hellgelb. Immerhin: der gewölbte Pullover, und ich sah lange hin: war doch wohl Starkbier. – Ein Mönch in Habt-Acht-Stellung vor Gott. – (Dann geriet ich noch in eine Helmsammlung!! Bloß raus nach Flottbek!). – (Am Abend Gewitter).

Das Dorf Welle brannte: (So groß war die Hitze, daß ich zögerte, durch die breite Reichsstraße zu fahren, über der die riesigen Flammengewölbe fauchten). Gestern muß der Blitz eingeschlagen haben; erst hats ein paar Stunden geschwelt, dann fing der feurige Springborn an. (Und ich wurde mühsam schneller: Handpumpe und Wasserfässer muß ich auch noch aufstellen!)

2 volle Tage brauchte ich bis nach Hause, und ging ganz schön kaude* von der Schinderei; dann schob ich den (unnötig breiten) Eisenriegel von innen vor, und stellte allerlei Schlaf- und Eßkunststücke an. – Am übernächsten Tage 20 große Körbe, zum Kohle schleppen, aus den Bauernhöfen der Umgegend zusammengesucht: 15 Stück, gleich 5 Reihen à 3, gehen auf den Wagen.

(evtl. schles.) müde

In 4 Tagen 80 Zentner Kohle und 40 Briketts geholt. Viel geflucht.

Unten in der Holzindustrie: meine Muskeln waren steif

und geschwollen: aber sie hackten; breite Späne, dralle Scheite, durch Knorren schlug ich wie ein Wildling. Jeden Abend schwamm ich in Holzprismen (die würde ich morgen hinschaffen, aufbauen, unterm Dachvorsprung). Ich leckte Oberlippe, Mundwinkel, Unterlippe, Mundwinkel, Mundwinkel.

(engl.) *Stilles Töten*

*Silent killing** (denn die 300 Schuß würden ja nicht ewig reichen). Da war zunächst eine Keule; liebevoll aus Eichenholz, und just meinem Arme gemäß (nicht »doppelten Gewichts«). Aus dem zwei Meter hohen Bambusstock wurde eine Mordslanze, leicht und fest. (Auf Pfeil und Bogen verzichtete ich doch; dazu seh ich wohl zu schlecht). Deshalb schuf ich zum Schluß noch einen ⌜Shillelah, um den mich Mike O'Hearn beneidet hätte⌝. – Lange mit der Lanze geübt: ist schwierig (und selbst auf 15 Meter traf ich die Sperrholzscheibe nicht immer. Hm). Hat viel geregnet.

Hymenium (gr.): Fruchthaut oder -schicht des Pilzes

(franz.) gründlich, von Grund auf

⌜*Boletus subtomentosus Linné*⌝: mir fiel auf, daß die Kappen mit der fortschreitenden Jahreszeit immer dunkler wurden und mehr rötliche Schollentupfen bekamen; dazu das ⌜seladonene⌝ Hymenäum*: das sah prachtvoll aus. (Pilze hab ich mal du fond* studiert, und kann lateinische Namen, lang wie der Arm eines neunjährigen Knaben). Und die Waldchampignons schmeckten wie zartestes Hühnerfleisch. ⌜Abends lange im Dickens gelesen »Master Humphrey's Clock«: das und Bleakhouse sind die Meisterstücke.⌝

Eine Katze müßte man zähmen können (daß sie auch warnt wie ein Hund, was?) Mir wars, als ob verwilderte Hunde und Kätzel manchmal an meiner Abfallgrube, hinten am Bahndamm, hantierten (das heißt, das war wohl schon die fünfte oder sechste Wildgeneration wieder; immerhin müßte man sie noch leicht zurück-domestizieren können).

Unschlüssig mit einem Spaten: gewiß: ich hatte noch sechs

Kanister Kartoffelflocken. Aber ich sollte doch wohl ein kleines Feld anlegen, ehe das Zeugs auf den alten Äckern restlos verwilderte. Ich fluchte leise, und beschloß, jenseits des Weges zu graben. Nach einer mürrischen halben Stunde stank mich die Hantierung derart an! Ich stieß den Spaten daneben in die Erde (um die Stelle wiederfinden zu können), und ging mir ein Stück lesen. (Später doch noch so 500 Quadratmeter gerodet, mein Dung, den ich schaudernd verteilte, gab die persönliche Note, und von den Feldern kartoffelähnliches geholt. – Wird wohl nichts werden!)

*Ein Detektorapparat** (ich weiß: es war verrückt!) aber ich versuchte es doch. Zog beim Appenrodt eine gute Antenne aus Kupferlitze*; saubere Erde. – Nichts. Drei Nachtstunden mit dem Kopfhörer davor gehockt; danach war ich so weit, daß ich auf 42,5 ein Pfeifen zu hören wähnte, ⌜ganz dahinten, »weit in der Türkei«⌝; aber es war wohl Selbsttäuschung; denn später vernahm ich nichts mehr. Ob man mit einem Fahrraddynamo einen Röhrenapparat betreiben kann? Und ich verwünschte meine Halbbildung (besser: meine Lehrer!), die mir nichts darüber sagte. Vielleicht ne einfache ⌜Voltasche Säule⌝. Vielleicht saßen so in Südaustralien, Perth, doch noch ein paar Menschengruppen, und ich hätte sie wohl faseln hören mögen. Ich möchte wissen, warum ich überhaupt noch diariiere*; ich habe keine Lust mehr, im Sinnlosen zu stochern: wie sauber und fest könnte ich Arbeiter leben (»Oh, daß ich doch ein Schreiner wär«). Meine Hände riechen nach Cheddar-Cheese; mein Gesäß juckt: wie wird das erst riechen! (Das sind keine Witze, sondern Abscheu vorm Organischen).

Empfangsgerät

Dünner Kupferdraht

Tagebuch führe

Wildschweine; und ich schaltete am Gewehr: soll ich?! (Wegen meinem Kartoffelfeld!). Aber der letzte Sonnenschein verblaßte; ⌜ein Wolkenmorlocke schlich darüber, flachsig behaart und grauweiß am ganzen Körper⌝. Da stand ich wieder vom Knie auf, und stakte verdrossen heim durch Busch und Wildwuchs, heim, nach Wacholdringen. – Letzte schöne Tage; Indian Summer* (Noch am Abend plus 16 Grad).

(engl.) Altweibersommer

Völlig leer: der Himmel. Der schneidige Drittelmond ließ nur 20 große Sterne übrig, heißa, die Starken. Und im Klaren tobte der Wind, daß mir die Haare wirbelten und bebten. Blank und hellgrau war die Hauswand mit der schattigen Wartetür; übers Dach lief Schwarzglanz und himmlisch Silberblau, schwarz und blau, daß mir die Seele wirbelte und bebte. So stand ich im dunklen waldenen Gehöft, bis mir die Schulterhaut unterm Hemd gefror, und nur noch die Wahl blieb, zu saufen oder wieder ins federne Futteral zu schliefen*:

kriechen (Jägerspr.)

Ich trat in den Mond, das Gewehr ritt mit, in der Achselhöhle, über den Pistolen spannte der Hosentaschenstoff. Ich bog mich geschmeidig rechts und glitt in die ⌜Kiefernphalangen⌝, oben glitt der mit: immer schneller. Es rollte im Baumgekrön und wurbelte im schwarz geschnitzten Unterholz, das Blättergeschwätz schnellte und federte mich vorwärts. Ich sprang mich hinter den dicksten Tannenstamm und rauhte in die strahlende Lichtung: schwirrten Äste, wehten Kräuter, wachten Jäger, blitzt der Mond. Griff zur runden Hüfte und drehte am Köpfchen der Feldflasche; das Kettlein klinkerte und schüchtern. Ich schloß den Lippenrand ums Aluminiumgewinde; der Kehlkopf pumpte; und die Helligkeit wurde noch stählerner. Wind griff an, straight* über die Lichtung, erstes allein: Du mich attackieren?! Ich sprang über alte Stümpfe, tanzte unter den Ästen entlang, der Wald entfaltete sich: gleich fließt die Straße.

(engl.) direkt

Straße noch mit harten Wagenspuren aus der Menschenzeit. Ich trieb vorm Wind auf ihr entlang bis zum Gehöft; an ihm vorbei; die Apfelbäume murrten im Untakt. Hurtiger wurde ich, schon war die Lippenhaut gefühllos, und die Schenkel ritten unter mir auf dem platten Radfahrweg entlang, eins, zwei, rast ich, so rost ich.

Kolonie Hünzingen: früher waren hier Lichter gewesen für den nächtigen Wanderer: las ein Mann im Kalender, spielte ein Mädchen am Schlüpfer, zählte man Geld, strahlten die mächtigen Birnen, radiotierten* Meldungen »aus der Welt des Sports«. Schliefen Pflüge im Scheunendunkel, Hunde standen dröhnend an Ketten, die Pappel am Wasserloch sah am Tag Enten. War. Sah.

strahlten (Wortschöpfung aus d. Lat.)

Im zweiten Haus rechts (und in der unermüdlichen Hand schnarrte die Lampe). Nach vier Axthieben schwankte auch die Tür auf: eine Küche. Noch schrie das Aluminium matt, Tassen und Teller hatten auch blaue Blumen. Meine Finger erstarrten und völlige Dunkelheit kam erst; dann gleich der Mond durchs Fenstervierseit. Ich tappte finstere Treppen entpor, schlug Fäuste an Türen, eine Kammer öffnete sich vielsagend: ein Mädchenzimmer! Am gebrochenen Fenster blaffte der frigide* Zwitterwind; ich schob den Kopf zwischen die Schamkissen und hörte den ⌜Nessel⌝ am Barte kratzen. Fürstliche Müdigkeit überkam mich, gefährliche, und ich schluckte den kleinen Rest, fußwackelnd und keuchend.

kühle, frostige

Hinab! über der Straße spritzte Licht aus dem Mond. Ich grätschte heiß zurück; diesmal nur, und langsamer, auf den Wegen. Die Felder, obwohl monderhellt, ließen mich kalt: ich tat sie mit einer Handbewegung ab: was wollte lackweißes Wildgetreide: eine Maus hätte ich gerne gehabt (das heißt: gesehen!). Oder einen Zahnarzt. – Ich hastete bewußt mit weichenden Beinen zurück und setzte mich vor mein Haus: aus! –

Wer hat die Kulturwerte geschaffen?! Nur Griechen, Romanen, Germanen; Inder in der Philosophie. – Die Slaven sind typisch kulturlos: mein Gott: Schach und n bissel Musik!

Regen tagelang. Der greise Wind stand wie ein Widder ums

Haus, Gramwind, Gramwind (und die Tonnen füllten sich mit dem schönen matten Wasser!). Ich ging zum anderen Fenster und sah nach Osten.

Draußen (hatte mir doch die Schuhe angezogen und das Zeltbahn-Cape umgeschwungen; auf dem Weg ging sichs bequemer, und in der Tarnkleidung sah mich Niemand vor den Kiefernkulissen). Der Regen steppte mir auf dem Mützenschirm, an der Schulter fingerte und morste es flink, als ich um die Ecke lehnte, blieben auch die Böen zurück.

Zerkleinerungs- oder Mahlmaschinen

Abfälle

Der Bahndamm: körnig wies der flache Kunstwall in Ferne und Regendunst. Da hatten sie sich mit Kollergängen* gemüht, gemessen und geschnitzt; eisernes Gelumpe* ausgelegt, und waren für schnödes Geld draufrumgefahren: jetzt war Alles schon überwachsen. Es tropfte im Unterholz, und in den Pfützen sott es kalt und seidengrau, Blasen sprangen und schwammen: hätten sie nur auf ⌜Malthus⌝ und ⌜Annie Besant⌝ gehört; aber 1950 waren sie soweit gewesen, daß die Bevölkerung der Erde jeden Tag um 100000 zunahm: Einhunderttausend!! Ich sah zufrieden durch die schwarzen Kiefernstangen: wie gut, daß es so gekommen ist!

dunkel-hell gestreiften

Der zweite November brach die Blätter ab, überall lagen die Kupferscheibchen herum, eine feurige Woche lang; dann verschwand ich im frühen und harten Winter (stimmte auch wieder ungefähr mit ⌜dem elfjährigen Sonnenfleckenzyklus⌝, nicht?!) Im Januar fror der Bach und ich mußte viel Eis schmelzen; der Ofen donnerte und strahlte breithüftig am weißblauen Tag und der zebranen* Nacht.

Der Mond blitzte scharfe Schatten um mich und erschien immer wieder in den samtenen Abgründen. Einmal blies es 50 Stunden lang aus Osten, daß ich minus 33 ablas. (An dem gleichen Morgen fand eine ⌜Jupiterbedeckung⌝ statt.)

Die schwarze Kuppel der Nacht: aus dem kreisrunden Oberlicht im Zenit kam es giftigklar und so hohnhell, daß der Schnee Augen und Sohlen brannte. Ich setzte mich auf die oberste meiner beiden Holzstufen, und schrieb auf einem großen Bogen:

⌜*Das Problem des Fermat:* In $A^N + B^N = C^N$ soll, die Ganzzahligkeit aller Größen vorausgesetzt, N nie größer als 2 sein können. Ich bewies es mir rasch so:

(1) $A^N = C^N - B^N$ oder $A^{2 \cdot N/2} = (C^{N/2} - B^{N/2}) \cdot (C^{N/2} + B^{N/2})$ oder also

(2) $A^{N/2}$ = Wurzel aus der rechten Seite; ich setzte $C^{N/2} - B^{N/2} = x^2$ und $C^{N/2} + B^{N/2} = y^2$, damit wird automatisch (3) $A^N = (x \cdot y)^2 = a^2$ und weiterhin ergibt sich:

(4) $C^N = [(x^2 + y^2)/2]^2 = c^2$ sowie auch (5) $B^N = [(y^2 - x^2)/2]^2 = b^2$

Die Gleichung $A^N + B^N = C^N$ läßt sich also grundsätzlich stets auf die quadratische Form $a^2 + b^2 = c^2$ zurückführen, worin x und y die Fundamentalgrößen sind. Damit a, b und c ganze Zahlen werden, müssen x und y ebenfalls ganze Zahlen sein, außerdem auch $y - x = 2$ m. usw. usw. (Gleich mehrere Möglichkeiten: für $y = 4$; $x = 2$ ergibt sich $8^2 + 6^2 = 10^2$. Für $y = 5$; $x = 3$ heißt es $15^2 + 8^2 = 17^2$; so daß also die 8 z. B. zweimal vorkommen kann, je nachdem sie a oder b wird.)

⌜*Ins Bedeutend Allgemeine:*⌝ Für die Bedingung der Ganzzahligkeit darf jeder Ausdruck $A^N + B^N + C^N + D^N + \ldots\ldots = Z^N$ in seiner sparsamsten Form auf der linken Seite N Glieder haben, nicht weniger! Und – wie oben im Beispiel die 8 – kann derselbe Zahlenwert darin bestenfalls N mal vorkommen, je nachdem, ob er A^N, B^N etc. wird. Z.B. für $N = 3$ gelten: $3^3 + 4^3 + 5^3 = 6^3$; $18^3 + 3^3 + 24^3 = 27^3$; $36^3 + 37^3 + 3^3 = 46^3$. Flink zogen sich die Symbole aus dem Bleistift, und ich murkste munter so weiter: das muß man sich mal vorstellen: ich löse das Problem des Fermat! (Aber die Zeit verging vorbildlich dabei).⌝

⌜*With all its numberless goings on of life / inaudible as dreams:* Viel im ST Coleridge gelesen. Auch die Lais der Marie de France (Hier also das Vorbild zu Fouqués »Ritter Elidouc«. D.h. es kann evtl. auch noch Gottfried von Monmouth sein).⌝

⌜*Über das Universum als Fortsetzung des Sinnensystems.*⌝

II

20. 5. 1962.

USA-Kultur: so klein ist Niemand, daß er sich nicht zu Hause grande nennen ließe! Ich schmiß das ⌜Reader's Digest⌝ an die Wand, hieb ein Papier in die Tippa* und knatterte los (oh, war ich wütend!):

Schreibmaschinentyp der Firma Adler

⌜*Herrn Professor George R. Stewart*⌝, University of California, U.S.A.

Sehr geehrter Herr Professor!

Ich habe mit großem Interesse den instruktiven Auszug aus Ihrem neuen Buche »Man, an Autobiography«, welchen Reader's Digest vom Juli 1947 auf den Seiten 141–176 bringt, durchlesen, und mit tiefem Staunen diese Geschichte der Menschheit nacherlebt.

Mit Recht rühmt ein Ungenannter in seinem kurzen Vorwort die »Originalität Ihrer Schriften«, und daß Sie aus dem alten Thema eine »rattling good story*« ohne den üblichen Ballast schwerfälliger Namen und Zahlen gemacht hätten. Hierzulande schrecken Manche zwar vor dem Gerattle in kulturgeschichtlichen Fragen immer noch etwas zurück; desto mehr aber schätzt man Ihre weiterhin garantierte »Sorgfalt, mit der Sie Ihre Belege ausgewählt haben«.

(engl.) muntere Geschichte

Zunächst ein Wort hierzu. Langes früheres Studium der Geographie der Alten läßt mich auf dieses Gebiet auch heute noch stets aufmerken. Deshalb war mir Ihre Behauptung (S. 170a) besonders empfindlich, und hat mir keine besonders günstige Meinung von Ihrem Wissen oder Ihrer Sorgfalt beigebracht: »Trotz Griechen und Phöniziern waren die Alten im Wesentlichen Landratten (landlubbers), ausgesprochene Küstenfahrer. Aber wer am Atlantic wohnte, mußte schon entweder Seefahrer werden oder zu Hause bleiben. Und sie fuhren, und bauten tüchtige Schiffe, und segelten weiter: die Wikinger,

Flamen und Engländer, die Hansakaufleute, Bretonen und Portugiesen ...« (Ich will das sinnige »entweder – oder« übergehen: der Löwe brüllt wenn er nicht schweigt). – Wenn Sie (und Andere) immer wieder die Wikinger preisen, dann denken Sie wahrscheinlich an die erste Entdeckung Amerikas; vergessen aber dabei, daß keiner dieser Seeräuber jemals in direkter Fahrt von Norwegen oder England aus ⌜Vinland⌝ erreichte, sondern stets über die Zwischenstationen Island und Grönland (die z. B. in Sichtweite voneinander liegen!): keine dieser Etappen verlangte mehr als allerhöchstens 1000 km Hochseefahrt; die letzte wurde oft unfreiwillig gemacht.

Ich will nicht zur Entschuldigung der Alten anführen, daß in den Meeren, deren Anwohner sie waren – Mittelmeer, schwarzes und rotes Meer – für solche Strecken gar kein Raum gewesen wäre. Sobald sie die Gewässer genügend erkundet hatten, verließen sie natürlich die Ufer, und durchkreuzten regelmäßig die Flut nach allen Richtungen; und von ⌜Byzanz⌝ nach ⌜Phanagoria⌝ waren es doch auch schon über 700 km! (Ich will allerdings nicht unredlich verschweigen, daß auf dieser Route nach den Berichten der Schiffer sich ein Punkt fand, wo der Wissende Kap ⌜Kriumetopon im Norden und Karambis⌝ im Süden wie einen leichten Dunst zugleich ausmachen konnte).

Aber es gibt ein ganz anderes Großbeispiel, nämlich den Indienhandel! Nachdem ⌜Eudoxos⌝ zur Zeit des ⌜Ptolemaios Euergetes⌝ als erster Grieche den Seeweg nach Indien offiziell erschlossen hatte, nahmen die Handelsunternehmungen wahrhaft gigantische Formen an. Ich empfehle Ihnen, die wirklich interessanten »facts« in Ihr Repertoire aufzunehmen: wie man von ⌜Alexandria⌝ nilaufwärts nach ⌜Koptos⌝ fuhr; und von dort mit Karawanen nach ⌜Berenike⌝ am roten Meer zog, wo die Indienflotte mit bis zu 120 (!) Großfrachtern wartete. Bis

⌜Oikilis⌝ am Ausgange des roten Meeres war man freilich noch zwangsläufig in Landnähe; aber von da fuhr der Geleitzug im Juli/August mit dem Monsun *in 40 Tagen ununterbrochener Hochseefahrt,* Herr Professor, 3000 km nach ⌜Barygaza⌝, etc., an der ⌜Malabarküste⌝; im Dezember wieder zurück. Und diese Fahrt wurde seit dem Schiffer ⌜Hippalos⌝ jahrhundertelang, Jahr für Jahr mit Großgeleiten betrieben, so daß Plinius den Wert der Güterausfuhr mit 50 Millionen Sesterzen, den der Einfuhr mit 5 Milliarden angeben konnte.

Auch die ⌜Chryse-Fahrten⌝ über den ⌜bengalischen Meerbusen⌝ (1300 km Hochseestrecke) gehören hierher; denn die Reisen wurden regelmäßig gemacht, und Ptolemaios spricht davon als einer bekannten Sache. – Niemals ist vor ⌜Kolumbus⌝ Ähnliches unternommen worden, von keiner der von Ihnen als überlegen angepriesenen Nationen des Entweder-Oder; und auch Kolumbus selbst ist ja mit Vinland-Kenntnissen gestartet.

: Sie aber stellen denen die Alten als »landlubbers« gegenüber, nicht wahr?! Ich mache Ihnen den Vorwurf der Unwissenheit!

Nicht, daß ich jede Ihrer Ansichten ablehnte; denn wie Sie richtig bemerken (S. 165a): »Continual talking is likely to be associated with some thought here and there«; nur sollte man nach dieser Maxime keine Bücher verfertigen, zumal keine kulturgeschichtlichen.

Aber für Ihren »Man« ist ja das Ausschlaggebende »Civilization«, d.h. nach Ihrer eigenen Definition auf S. 175b: »The mass of such things as agriculture, metalworking and social tradition« (nicht etwa Kunst oder Wissenschaft, nichts da! Das Wort Kultur kommt ja auch nicht einmal vor bei Ihnen: nur S. 168a sprechen Sie in einer Zeile ironisch von solchen, denen ein Gedicht mehr gilt, als ein Pflug); aber civilization: das gibt die »Control over the outside world« und das ist Ihnen auch der eigentliche »rough and easy way«, das entscheidende Kriterium, Epochen miteinander zu vergleichen, oder, wie Sie Ihre Methode deutlicher präzisieren, zu »testen«.

Und wie um uns das volle Gewicht Ihres Zivilisationstestes recht bald handgreiflich zu machen, applizieren Sie ihn (unser »anwenden« gibt Ihr Verfahren nur unvollkommen wieder) mit anerkennenswerter Parteilosigkeit auch auf die Griechen.

Zunächst machen Sie uns die Entstehung hellenischer Kultur unschwer faßlich: »Not having much regular work to do, they had to pass the time in various ways. *Thus the Greek citizens were able to develop art, athletics, and philosophy«*. Klingt ganz einleuchtend, wie? Und so einfach! – Nicht wahr: die Regierenden und Priester der Jahrtausende vor und nach Jenen hatten diese faule Zeit nicht?! Und die gleichfalls arbeitsscheuen Südseeinsulaner, oder Germanen, oder Klosterinsassen etc. hatten sie auch nicht! Und dennoch haben die alle Künste und Wissenschaften (von Philosophie einmal ganz zu schweigen!) nicht nur nicht entwickelt, nicht nur sie gar nicht verstanden, wo sie ihnen begegneten, sondern sogar ihr bestes getan, sie zu unterdrücken! Kultur ist nämlich für gewisse Leute – so 99 Prozent – langweilig: wissen Sie das?! – Wohl braucht der Künstler und Denker Muße; aber umkehrbar ist dieser Satz, ähnlich wie der vom Schwein und der Wurst, nicht.

»Viel Unsinn ist schon über die Griechen im Allgemeinen, und besonders die Perserkriege geschrieben worden ...«: zugegeben: ich habe ja Ihr Buch in der Hand!

»Das Hauptunglück der Perser war nämlich nicht, den Griechenkrieg zu verlieren, sondern die Griechen die Geschichte dieses Krieges schreiben und an die Nachwelt weiter gehen zu lassen ...« Herr: daß der Bericht Herodots – er ist ja die Quelle, nicht »die Griechen« –

ein Unglück für die Perser gewesen sei, kann nur Jemand daherfaseln, der ihn nie gelesen hat! Denn: »Was Herodotos von Halikarnassos erkundet, das hat er hier aufgezeichnet, auf daß nicht mit der Zeit vergehe, was von Menschen geschah, noch die großen Wundertaten ruhmlos verhallen, *die Hellenen nicht minder als Barbaren* vollbracht haben!«, und wirklich kommen ja auch die Perser durchaus nicht schlechter weg.

Das war nämlich auch so etwas, was Ihre beliebten »intelligent Egyptians or Babylonians« oder die »in many ways more admirable« Perser von den Griechen hätten lernen können: wie man objektiv und in genialer Gesamtschau Universalgeschichte schreibt, anstatt des engstirnigen und überheblich-verlogenen hölzernen Chronikentons der ägyptischen oder alttestamentarischen Lokalklätschereien. Nach diesen einleitenden Feststellungen setzen Sie nun erbarmungslos Ihren »test« an (ich übergehe Ihre billigen und dabei nichts weniger als originellen Ausführungen über den Zusammenhang zwischen Quatschen und Denken; ein sicherer James Burckhardt hat schon vor Gründung der Universität California über das agorazein* wesentlich lesenswertere Betrachtungen hinterlassen). Sie resümieren: »Nirgends in aller Welt ist auch nur eine wichtige Erfindung im Gebrauch, die wir mit Sicherheit den Griechen zuschreiben können.« »Aus alle dem ziehe ich (Ich, Professor George R. Stewart!) die Folgerung, daß die Griechen die Zivilisation weder schufen, noch retteten, noch nennenswert erneuerten.«: Thank you! Nun sehen wir, so lange vom Präjudicium antiquitatis gehemmten abendländischen Neurotiker doch endlich einmal klar!

Zwar hatten uns die Fliegenden Blätter schon vor Jahrzehnten davon unterrichtet, wie man in Arkansas* Wandmalerei treibt; Mark Twain vom Zeitungswesen in Tennessee; und vor Monaten entlas ich mit tiefem

(griech.) auf den Markt gehen

Einer der Südstaaten der USA

Glücksgefühl der New-York-Post, wie man endlich in Cazenovia* für fünf Millionen Dollar die so lang entbehrte Fußball-Ruhmeshalle errichten wird (allerdings von den Griechen entlehnt: die setzten ihren Raufern und Luftspringern auch immer Denkmale zu Olympia); aber Ihrem Buch, dieser Bonanza* des Unsinns, war es vorbehalten, uns zu informieren, wie man in den US Menschheitsgeschichte lehrt!

Stadt im US-Bundesstaat New York

(engl.) Goldgrube

Wir pflegten den Griechen bisher kurz folgendes zuzuschreiben:

daß sie als Erste Geist und Methode abendländischer Forschung entwickelt und geübt haben. Ihnen verdanken wir so wichtige Einzelresultate wie die genaue Messung der Erdkugel, und, daraus, resultierend, Karten mit nach Länge und Breite fixierten Objekten. In der Astronomie sind Sternenkataloge, ⌜geo- und heliozentrisches Weltbild⌝ etc. auch griechische Erfindungen; biologische Systeme rühren von ihnen her;: könnten Sie ⌜diophantische Gleichungen⌝ lösen?

Vergleichen Sie die griechischen Kunstleistungen, Statuen, Tempel, Epen, Dramen usw. selbst mit allen vorhergehenden und gleichzeitigen Leistungen: größere Männer als wir Beide haben davon geschwärmt!

Philosophie – – nun, so weit sind Sie da drüben noch nicht. –

Wir sind und bleiben der Meinung, daß, dem Stewarttest zum Trotz, unsere gesamte geistige Existenz, wie sie als Ergebnis aus den zwei letzten Kulturwellen, der Renaissance und der Klassik-Romantik, hervorgegangen ist, wie diese selbst auf dem Griechentum beruht. Sie stellen fest, daß es niemals einen »fall of civilization*« gegeben habe, und nach Ihrer Definition will ich Ihnen beistimmen:

Untergang der Zivilisation

aber Sie hatten als Ihr Thema »Man« angegeben, Herr! »Man«, nicht Ihre komische Civilization! Die Glei-

chung zwischen diesen beiden ist allerdings originell und Ihr geistiges Eigentum; aber ich bezweifle, daß Sie deshalb viele Neider finden werden. Es mag beschämend sein, daß Ihre Nation – ⌜Edgar Poe⌝ ausgenommen – noch keinen Beitrag zur großen Kultur geliefert hat; aber auch diese Zeit wird kommen!
(Allerdings nicht durch Ihr Verdienst!)

Möge Ihre Wasserspülung stets funktionieren;
in aufrichtiger Verachtung:

Falten, kouvertieren; 30 Pfennig laut Tradition drauf geklebt und per Rad zum Briefkasten unten im Dorf geschafft: so ein Salzknabe*! (Und noch auf dem Rückweg entrüstete ich mich alle hundert Meter: Die hätten doch weißgott genug mit der Herstellung von Atombomben und Cornedbeef zu tun haben sollen: man kann halt nicht Alles machen!)

(ugs.) unreifer Mann

Der hagestolze Mond* (fast noch voll). Ich hatte mich immer noch nicht beruhigt, und beschloß, rachsüchtig, auch einen test zu machen (⌜felibre⌝ läßt das Schreiben nicht) Also: auf gehts:

Hagestolz: älterer Junggeselle

1.) ⌜Kennen und schätzen Sie⌝ Meyerns »Dya-Na-Sore«, Moritzens »Anton Reiser«, Schnabels »Insel Felsenburg«?
2.) Sind Sie der Ansicht, daß ein Künstler auf Geschmack und Niveau des Volkes pfeifen sollte?
3.) »Des Menschen Wille ist nicht frei.« – Glauben Sie das?
4.) Ziehen Sie Wielands »Aristipp« oder die »Forsyte Saga« vor?
5.) Haben Sie Ihre Eltern zuweilen verachtet?
6.) Sind Sie abergläubisch?
7.) Haben Sie einen Freund, der Ihnen ernsthaft die Lektüre von Klingers »Raphael de Aquillas« empfahl?

8.) Hassen Sie Alles soldatische und Uniformierte?

9.) Können Sie kurz den Inhalt von Jean Pauls »Campanerthal« angeben?

mittelmäßigen

10). Halten Sie Nietzsche für einen mediokren* Geist (aber großen Redner)?

11.) Sind Ihnen Boxen, Film, Mode, feines Benehmen, sehr lächerlich? Dann stach mich der Teufel und ich schrieb (ich kann *Alles* schreiben und rufen: ich bin ja allein!!):

12.) Ist Ihnen zu irgend einem Zeitpunkt Ihres Lebens dieses ein Zweifel gewesen: ob irgend ein heiliges Buch, als Klopapier verwendet, Ihnen das Gesäß sengen könnte? –

Setzen Sie für Ja + 1; für Nein – 1 und addieren Sie: *Sie täten am besten sich zu hängen.* (Damit war ich endlich den Komplex los).

Versuch mit einem Foto (bin neugierig, ob die Filme noch gehen; und entwickelt hab ich auch noch nie; abers macht Emotionen und vertreibt die Zeit). So fing ich denn an zu knipsen: Sonnenflecke; eine stübchengroße Lichtung; verrosteten Stacheldraht (am Bahnhof, wo das Alteisen lag); larvenzerfressene Pilzruinen; ein Ast im Wald, oh ewig flüchtende Gestalt; einmal mitten ins deutsche Gewölk durch ein spreiziges Tännchen. Natürlich auch mich (mit Selbstauslöser): auf den Stufen des Hauses, sinnschwer in einen Folianten* vertieft (aber ich zog – wie immer – ein so blödes Gesicht, daß mir schon das Negativ entgegenwiderte).

Bücher ca. im Format DIN A3

Dt. Schriftsteller u. Publizist (1797-1856)

*Heinrich Heine:** Sehr nett zu lesen (sehr nett zu vergessen). Hätte er nur einen Band – nach Maßgabe meiner vierbändigen Ausgabe – geschrieben, wäre er ein großer Mann gewesen: aber das erlaubte die finanzielle Misere keinem Schriftsteller: jeder mußte aus Not zum Zuhälter der Muse werden, zum Louis (d. h. auf Deutsch: nekkische Zeitungsgeschichten brauen; einiges für ⌜Rias⌝

arrangieren; fleißig Ausländer übersetzen usw. – bloß gut, daß auch der Zauber auf ewig vorbei war!)

Schönwetterperiode, und viel an der großen Karte 1:10000 ergänzt. (Hatte als Ausgangsbasis eine Linie vom schon erwähnten Hochstand bis zum ehemaligen Flakturm, gegenüber Bauer Lüdecke gewählt, und ausreichend Punkte eingemessen; für die kleinen Flächen dazwischen genügten Kompaß, Winkelspiegel und Distanzen abschreiten). Ich will mein Gebiet immer unter Kontrolle halten. –

Im Verpflegungslager Düshorn für alle Fälle eine Notwohnung angelegt: bloß ganz roh: den Raum zurechtgemacht, Decken hingelegt, etwas Kleidung und Gerät; man weiß nie.

⌜24. 6.⌝: *mit irren Händen im Gebüsch blättern* (und der Kessel dampft und kocht bald; kann nur in den Pausen berichten).

Ich ging am Waldrand so für mich hin, buchstäblich: ganz ohne Vorsatz. Wie ⌜Robinson⌝ mit 2 Flinten, und, der Mittagssonne wegen, unter der weißen Schirmkappe (also das soll mir die Lehre sein: nie mehr mit so ner Schießscheibe auf dem Kopf rumzulaufen!). Ich sah es drüben in den Gebüschen funkeln, und legte das Doppelglas auf einem dürren Ast fest an, um noch behäbiger einstellen zu können: daß ich dabei hinter die Fichte kam, hat wahrscheinlich mein Leben gerettet; denn schon flog mir Borke um die Nase, und der Querschläger verhummelte hinten im Unterholz. Ich fiel sofort geistesgegenwärtig in den Graben (und erdolchte mich halb von hinten an dem plumpen Kammerstengel meiner Knarre).

Gedanken sammeln: also das war neu! (Ruhig werden; ganz kalt: ich kannte das Gelände, der da drüben nicht!)

So hob ich erst einmal vorsichtig das Reservegewehr und knallte flach in die allgemeine Richtung: ließ es auf der ebenen Walderde vor der Rinne liegen und schob die Kappe über die runde Steinknolle daneben: dann kroch ich ganz vorsichtig 10 Meter nach rechts (also aufs Haus zu). Gab noch 20 Meter zu, bis der Graben fast zu flach wurde.

Visier 500 (Zielfernrohr war für 300 und 500 Meter adjustiert*): da blitzte es drüben schon wieder, und der Dreck flog meiner Tarnkappe so um die hypothetischen Ohren, daß sie einen Zoll tiefer rutschte: superb! Da versucht ers bestimmt nochmal. – Nach kurzem Nachdenken ringelte ich mich noch 30 Meter weiter durch Nadelstreu und Bodenwust. Stieg im Kieferdickicht auf, und rannte in zwei Wacholder am Waldrand: –

eingestellt

Jetzt sah ich den Buben ganz deutlich im Doppelglas: hinter einem Steinhaufen lag er, und versuchte unruhig, die Wirkung seiner Schüsse zu kontrollieren; aber er mißtraute doch der eisernen Ruhe des Strohmannes und legte den (scheinbar bemützten) Kopf wieder tiefer zwischen die Klamotten.

Hinterm Bahndamm, keuchend: ich war blitzschnell, am Haus vorbei, über die Schienen, auf der rechten Seite geduckt entlang, gerannt, und lag nun auf gleicher Höhe mit ihm – ungefähr –, doch: da war er noch! Gerade zog der Unersättliche wieder den Kolben in die Schulter (sprang ich auch schon hoch, da ich ihn so beschäftigt wußte, und schnürte im Waldsaum dahin: Pautz!!; jawoll, mein Sohn! Immer lenk Dich tüchtig ab!)

Aber jetzt wurde es schwierig: ich stand 20 Meter hinter ihm und überlegte –

Eine Möglichkeit: ihn wegzuputzen, ⌜eh er noch Jack Robinson sagen könnte⌝. (Da lehnte auch sein Damenrad an einer krummen Föhre*. Mit geraden Unterrohren: hatte die Minderzahl der deutschen Marken gehabt; rotbraun und hellgelb abgesetzt; dreckig; Pappkarton aufm Gepäckträger. Ein schlapper Rucksack im Grase: Feld-

Kiefer

flaschengebaumel, Kochgeschirr, Kartentasche). (Vielleicht hatte er vorhin auch gedacht – als ich hinter den Baum trat, und das Fernrohr spitzte – ich legte schon auf ihn an, und er müsse mir nur noch rasch zuvorkommen? –)

Gefangennehmen und ‹unschädlich› machen: am liebsten hätte ich mich am Kopf gekratzt: was heißt hier unschädlich?! Wenn der Bocher* mir dann nach zwei Tagen mein Häusel anzündet, oder mich im Schlaf ⌜schächtet⌝?! – Er juckte sich klauig den Oberschenkel und strampelte so wütend, daß ich grinsen mußte, wurde aber sofort wieder ernst: der konnte womöglich gleich aufstehen und rüber wollen!

(jidd.) Gauner

Noch 8 Meter (graue Haare schon, was?!). Ich atmete noch einmal tief und unglücklich, dann gab ich mir den Ruck, sprang zu, und schlug – na: erstmal leicht – mit dem Kolben drauf!

In Overall und Mütze: so lag sie da!! Mit weißen zerschlissenen Händen.

Maßlose Blicke: Hände, Schultern, ein Gesicht. Hände schultern ein Gesicht. Augen lippen einen Mund: Du! – Keuchend stand ich auf und schoß ihre Pistolen in die Erde leer; ihrem Gewehr riß ich bewußtlos das Schloß heraus.

Die kleinen sehr weichen Brüste: die kleine sehr feste Hand.

Mit torkelnden Fingern ersuchte ich an meiner Hüfte die Rumflasche, und hielt sie angstvoll an den schlaffen gebogenen Bleichmund (da: unterm kurzen Grauhaar fühlte man jetzt die dicke Beule: oh, ich Idiot! Aber rasiert war ich gottlob).

Schlucken: endlich! Ich mach eine Hymne drauf! Schlukken. – Da legte ich ihren Kopf auf die gefaltete Decke zurück, und meine Hände als Spangen über die dünnen Schultern.

Graue Augen (noch unbewußt; grau und reifig: schön!)

Wie eine Gerte (und mit erstaunlicher Kraft): so schlug der Körper! Aber ich hielt fester: »Ruhig liegen!« sagte ich ganz still: »Und die Beule sind Sie in 8 Tagen wieder los.« Lächelte. Und sie atmete; ungleichmäßig und unsicher. Pause. Ich nahm probeweise die Hände fort und hockte mich dicht an ihre rechte Flanke (sah sie aber immerfort an). »Wie heißen Sie?« fiel mir ein. »Lisa« (und ich merkte wohl, wie es sie amüsierte, daß die beiden letzten Menschen ‹Sie› zu einander sagten; aber trotzdem) dann erzählte ich; langsam.

Sie staunte müde: »Und Sie haben mich nicht vergewaltigt.« Ich legte ihr die Hand an die Schläfe, mitleidig; einmal schüttelte ich den Kopf: »Armes Ding; mit was für Männern müssen Sie zu tun gehabt haben!« (Als ich meine Hand wieder fortzog, glitten die Fingerspitzen lange wangenentlang.) Über dem staubgrauen Weg brannte blau die Himmelseinsamkeit; ich wandte langsam das lügenlose Gesicht hinein und gestand: »– daran denken müssen habe ich allerdings auch. Einen Augenblick –«. Jetzt lachte der erschöpfte kranke Mund ein wenig, weise, spöttisch, auch gütig: »Das Geständnis ist Ihr Glück!« Listig: »Denn s wär ja auch anders ne Schande für mich gewesen.« Noch ein bißchen ausruhen? (Drüben bei mir hats Aspirin, ja).

Pistole der Firma Mauser

Die Wildkatze: ich war kaum aufgestanden und wollte ihr Zeug zusammenraffen, da stand sie schon vor mir: in jeder Hand die Mauser*, den Mund zürnend halb offen, die Augen kalt und ruchlos: ⌜la donna e mobile⌝ (Oder ⌜la belle Dame sans merci⌝, das wirds sein!)

»So, mein Junge« sagte sie steinern und halblaut: »jetzt heb erst mal die Hände hoch!« (Na, warum nicht?: so kann ich sie leichter auf Dich runterfallenlassen!) Ich tat es gutmütig; aber als ich merkte, daß sie zu meinem Gewehr gehen wollte, lief ich ihr doch in den Weg: da fühlte

ich beide Läufe tief zwischen den Rippen. Wir standen Brust an Brust und sahen uns in die Gesichter.

Sie schätzte mich ab: Größe, Schultern. – Ich schlug vor (warum soll ich sie beschämen und umsonst knipsen lassen? So hat sie später immer das Gefühl der Gleichwertigkeit, Freiwilligkeit); ich schlug vor: »Lassen Sie uns Waffenstillstand schließen. – Erst mal bis morgen Mittag. –« Dann überwand ich mich und sagte noch: »Bitte.« Sie runzelte die Stirn und horchte dem Widerstreit ihrer Motive. Endlich hob ich (ganz langsam) die rechte Hand und legte sie um ihre Linke; ließ sie eine Minute in irdischer Lust darum liegen, und zog dann sanft die Waffe zur Seite (wobei wir uns so ernst in die Augen sahen wie zwei Käuzchen). Die Rechte nahm sie resolut alleine fort; mit gespielter Kälte entschied sie: »Also gut!: Bis morgen Mittag!« – Ich belud das Rad, und wir gingen, gelöst und im kleinen Schlenderschritt, zu mir hinüber. (Jetzt muß sie sich waschen; das Wasser kocht). Und ich schleppte die Eimer und füllte in der Waschküche die große Wanne, während sie drinnen ein bißchen aß, Biskuits und Leberkäse, und süßen Tee trank (mit dem seltenen Rohrzucker; der ist schon was anderes als unser Rübenzeug!); dann mußte sie sich auf die Couch legen.

Ganz leise daneben kauern (lange).

»*Lisa* –« (mit der Stimme berühren; ganz leicht; antupfen). Jetzt erkannte ich aber sofort, daß sie gar nicht geschlafen, sondern es sich bei der Anbetung hatte wohl sein lassen, so lausbübisch und entzückend schimmerten Iris und Zähne.: »Das Wasser wär' so weit« meldete ich da gekränkt, und sah doch schon wieder in das dämmernde Gesicht.

Hände im Holz (des Türrahmens: mein Gott, ich habe 8 Jahre lang keine Frau mehr gesehen! Und da drüben planscht es und pfeift dazu wilde Potpourris*, ⌜Marion

Kunterbuntes, Allerlei

Kerby⌉ konnte es nicht besser. Zehn Mal war ich drauf und dran: ⌈‹Komm in meine Liebeslaube›⌉: nu Dich soll doch der Deuwel* holen!)

(norddt.) Teufel

‹Lisa›: ich kostete ‹Lisa›; sprach ins Flüstergras ‹Lisa›; atmete nasenbreit (Alles hinten am Bach), und war nennbar selig: Lisa!

Kartoffeln: sie war heilig glücklich und schälte sie ganz dünn (auf meiner Treppe sitzend, zwischen zwei blanken Wännchen), und ich nickte tief befriedigt: ⌈good for squaw to do that⌉. (Dazu sah sie so scheinbar gutmütig zu ihren Augen heraus, ihr Blick rann über mich, daß ich fast drauf reingefallen wäre: hätte sie nicht einmal amüsiert den Mund spitzen müssen: weil ich versunken dakäferte, wie vor einem Bild in der Galerie).

Mit Zucker aß sie die Kartoffelpuffer: war also östlich der Elbe zu Hause (Ja: zur Sache erst mal!)

Und sie berichtete, tief im Sessel, ganz still, ohne Augengelichter und Handgaukelei (nur einmal hatte ich aufgeschrieen: Lisa wollte Wasser an den Rum tun!)

Djnestr: Fluss in der Ukraine, mündet ins Schwarze Meer

Von Osten war sie gekommen (da ergänzten wir uns aufs Sachlichste; ich hatte West und Südwest durchstreifen müssen): aus der Ukraine, wohin sie verschleppt worden war; dnjestraufwärts*, Lemberg, Krakau, Warschau (dort zweimal überwintert). Posen, Stettin (hatte versuchen wollen, auf dem Wasserwege weiter zu kommen, konnte aber kein Segelboot regieren: auf Usedom war sie bei konträrem und schwerem Wind beinahe bei dem Versuch verhungert). Berlin (wieder überwintert; genau wie ich während meines Wanderlebens: in eine Wohnung eingenistet; Möbel zerhackt und verheizt; Läden geplündert – und ich nickte schwer: ⌈who should know but I!⌉), dann nach Dresden, Prag: aber von da nach Süden war sie an eine der Strahlungszonen gekommen, wo noch jetzt, Hunderte von Kilometern weit, keine Pflanze wuchs, kein Vogel flog: da war sie wieder nach

Norden gebogen, über Karlsbad nach Leipzig. Hatte es aber – aus irgend einem Grunde – noch letzten November verlassen, und war, quer durch den Harz, bis Quedlinburg gekommen, wo sie der frühe und kalte Winter überrascht hatte; mühselig hatte sie sich noch mit Vorräten eindecken können. Im Mai war sie dann gestartet: Braunschweig, Hannover, Celle; 10 Tage hatte sie schon in Fallingbostel mit einem scheußlichen Schnupfen gelegen, bis Vorvorgestern. Dann Walsrode (übernachten); gleich nach dem Morgenstart hatte sie in Borg eine Radpanne gehabt, und den ganzen Tag daran geflickt. In einem Bauernhof schnell geschlafen; dann war sie versehentlich auf die Chaussee nach Ahrsen geraten, hatte fluchend ihre kleine Karte zu Rate gezogen, und wollte eben, ‹quer durch die Eifel›, zur Hauptstraße nach Westen stoßen, als sie ‹einen Kerl› am Waldrand sah, der sofort auf sie anlegte: hab ich also doch recht geraten! (Und stets vermied sie den Konjunktiv, wahrscheinlich aus Furcht, ihn abzunützen). Aber müde war sie noch nicht, und, obwohl der Wind tobte, gespannt, meinen Trick zu lernen; so gingen wir die 400 Meter im letzten Abendlicht.

Der Wind blies in die Segel ihrer Locken, weiße Schultern schlenderten voran unterm Kleid; ihre Augen erschienen zur Rechten, zur Linken, bald dicht und spottvoll, bald geweitet und horizonten, und dazu pfiff meine Jägerin, ⌜that it would have done your heart good to behold⌝.

Sie war fertig (und ich dito: selbst von 20 Metern Entfernung sah es noch frappierend aus!) »Da hört doch Alles auf« sagte sie wütend, und wies hin, mit beiden an ihr befindlichen Händen: optischste Täuschung: Tja. War ein splendidum mendacium* gewesen (obwohl das eigentlich was anderes ‹bedeutet›; weiß schon). – Aber jetzt brachte sie herausfordernd die Kappe an: »Nun, würdiger Knäs*?!«: wurde mir doch etwas unheimlich,

(lat.) glänzende Täuschung

(russ.) Herr, Fürst

Hier: Niagarafälle

als ich die beiden Löcher überm Schirm sah: und sie verschwand triumphierend im Windniagara*, ⌜maid of the mist⌝. (Das ist doch allerhand: auf mindestens 400 Meter, und ohne Zieloptik! Allerdings Weiß auf Schwarz sieht man brilliant. Aber Trotzdem! – So was!)

verführerisches (vgl. Erl. zu 48.21)

Ihr dünnes seladonenes Gesicht* schwebte dreieckig im Stacheldüster vorbei; der biegsame Körperstiel richtete es unbarmherzig hin und her; langsame finstere Göttin mit eisernen Waffen.

Wieder in Sesseln: die Petroleumlampe schimmert friedlich. (Und uns Beiden war wohl wie im Traum – ein Satz, in dem ‹wohl› beide Bedeutungen hat). Aber noch blieb die wichtigste Frage:

»*Haben Sie in all den Jahren* – auf allen Wanderungen – keine Menschen gefunden?« – Sie wollte zuerst nicht heran; dann sah sie doch die Wichtigkeit, unsere Erfahrungen zu kombinieren, und begann:

»*Doch – zweimal.*« – »Einmal, noch in Rußland, vier Frauen: drei Junge, eine Alte. Dabei ein Mann.« – »Die Alte hat erst die Jungen vergiftet. Dann hab ich sie vorsichtshalber übern Haufen geschossen.« – Ich würgte heraus: »Und der – Mann?!« Sie schüttelte verneinend den Kopf: »Blutvergiftung. 6 Wochen später.« Stille. Ich stand planlos auf und geriet zum Bücherregal; dann wandte ich mich, und lehnte Schultern, Haare, Kniekehlen, flache Hände daran, Alles; ich fragte mit heiserer Munterkeit: »Und? Affaire Nummer Zwei?« – Sie knüllte das gelblichbeleuchtete Gesicht: »Lag im Sterben: eine 80jährige Polin.« Stieß Luft durch die krause Nase: »War nicht schön!« Nochmals Kopfschütteln; sah verlegen lächelnd herüber: »Und Sie? Wen haben Sie getroffen?« Ich schob die Unterlippe vor, nachdenklich, aus dem eben Gehörten das allgemeine Bild komplettierend: »Niemanden.« konnte ich Auskunft sagen. – »Also südlich von Prag ist eine der Atomwüsten.«.

»Wahrscheinlich ist das der Korridor« fiel sie eifrig ein, »von Danzig bis Triest, durch den sie am Anfang des Krieges Ost und West trennen wollten – und ich habe bei Lemberg nur zufällig einen Durchgang gefunden – ?« »Höchstwahrscheinlich«, gab ich zu, und holte eine Karte von Europa: »die zweite Separationslinie*, Genua-Antwerpen, habe ich gesehen. – Über die Schweiz passiert« erläuterte ich den fragenden Blick.

[Trennlinie, Grenze]

Resümieren: »Wir wissen also durch Autopsie*, daß ganz Mitteleuropa menschenleer ist –« Sie nickte. »Auch in den angrenzenden Gebieten können keine nennenswerten Gruppen mehr sitzen, sonst wären sie in den verflossenen Jahren ja längst wieder eingesickert.« Auch das schien logisch. »Haben Sie in der Zeit jemals ein Flugzeug gesehen?« Personne*. »Rußland und die USA haben sich gegenseitig vollständig fertig gemacht: also wird auch da nicht mehr viel los sein.« (Jetzt schlugen wir schon die Weltkarte im ⌜Andree⌝ auf).

[Eigene Inaugenscheinnahme]

[(franz.) Keines]

»Was bleibt eigentlich« sagte sie tiefsinnig, und ich nickte anerkennend: genau zur Sache! »Meiner Ansicht nach«, erklärte ich kalt, »wird die Lage folgende sein: Asien, Europa (Asiopa besser) –; ebenso Nordamerika –« ich wischte mit der Hand über die blaue und gelbe Nordhalbkugel, und sie kniff zustimmend die Lippen ein. »Südafrika hats auch erwischt; ebenso die Industriezentren Australiens und Südamerikas.«. »Meine Theorie ist: daß, getrennt durch sehr große Räume, hier und da noch ein paar Einzelindividuen nomadisieren. – Vielleicht sind auf den Südzipfeln der Kontinente –« (ich verfiel unwillkürlich in oft gedachtes Formelhaftes) – »noch kleine Gemeinden übrig. – Die Einzelnen werden, des rauhen Lebens und der Wildkrankheiten ungewohnt, wahrscheinlich rasch aussterben.« Sie atmete schwermütig und behaglich: bei Lampenlicht klangs wie ein Buch. »Von den erwähnten Kleinstgruppen aus kann

sich ja eventuell eine Wiederbevölkerung der Erde anbahnen; aber das dauert – na – hoffentlich tausend Jahre.« »Und es ist gut so!« schloß ich herausfordernd.

Begründung?: »Lisa!!«: »Rufen Sie sich doch das Bild der Menschheit zurück! Kultur!?: ein Kulturträger war jeder Tausendste; ein Kulturerzeuger jeder Hunderttausendste!: Moralität?: Hahaha!: Sehe jeder in sein Gewissen und sage er sei nicht längst hängensreif!« Sie nickte, sofort überzeugt. »Boxen, Fußball, Toto: da rannten die Beine! – In Waffen ganz groß!« – »Was waren die Ideale eines Jungen: Rennfahrer, General, Sprinterweltmeister. Eines Mädchens: Filmstar, Mode‹schöpferin›. Der Männer: Haremsbesitzer und Direktor. Der Frau: Auto, Elektroküche, der Titel ‹gnädige Frau›. Der Greise: Staatsmann –« Die Luft ging mir aus.

⌜*»Setzen wir den Fall«*⌝ hob ich wieder die Rede des alten Kalenders an, »es gäbe – in welchem Planeten Sie wollen – eine Art von Geschöpfen, die mit einer so schlechten Anlage in die Welt kämen, daß unter Tausenden kaum Eines, und auch dies nicht anders als durch die sorgfältigste und mühsamste Kultur, unter einem Zusammenstoß der günstigsten Umstände, wovon auch nicht einer fehlen dürfte, zu einem bemerkenswerten Grade von Wert zu bringen wäre: was würden wir von der ganzen Art halten?!!«

»Die menschliche Gattung ist von der Natur mit Allem versehen, was zum Wahrnehmen, Beobachten, Vergleichen und Unterscheiden der Dinge nötig ist. Sie hat zu diesen Verrichtungen nicht nur das Gegenwärtige unmittelbar vor sich liegen und kann, um weise zu werden, nicht nur ihre eigenen Erfahrungen nützen: auch die Erfahrungen aller vorhergehenden Zeiten und die Bemerkungen einer Anzahl von scharfsinnigen Menschen, die, wenigstens sehr oft, richtig gesehen haben, liegen zu ihrem Gebrauch offen. Durch diese Erfahrungen und Be-

merkungen ist schon längst ausgemacht, nach welchen Naturgesetzen der Mensch – in welcher Art von Gesellschaft und Verfassung er sich befinde – leben und handeln muß, um in seiner Art glücklich zu sein. Durch sie ist Alles, was für die ganze Gattung zu allen Zeiten und unter allen Umständen nützlich oder schädlich ist, unwidersprechlich dargetan; die Regeln, deren Anwendung uns vor Irrtümern und Trugschlüssen sicher stellen können, sind gefunden; wir können mit befriedigender Gewißheit wissen, was schön und häßlich, recht oder unrecht, gut oder böse ist, warum es so ist, und inwieweit es so ist; es ist keine Art von Torheit, Laster und Bosheit zu erdenken, deren Ungereimtheit oder Schädlichkeit nicht schon längst so scharf als irgend ein Lehrsatz im Euklides bewiesen wäre: Und dennoch! Dessen Allen unerachtet, drehen sich die Menschen seit etlichen tausend Jahren immer in dem nämlichen Zirkel von Torheiten, Irrtümern und Mißbräuchen herum, werden weder durch fremde noch eigene Erfahrung klüger, kurz, werden, wenns hoch in einem Individuum kommt, witziger, scharfsinniger, gelehrter, aber nie weiser.«

»*Die Menschen nämlich* raisonieren* gewöhnlich nicht nach den Gesetzen der Vernunft. Im Gegenteil: ihre angeborene und allgemeine Art zu vernünfteln ist diese: von einzelnen Fällen aufs Allgemeine zu schließen, aus flüchtig oder nur von einer Seite wahrgenommenen Begebenheiten irrige Folgerungen herzuleiten, und alle Augenblicke Worte mit Begriffen und Begriffe mit Sachen zu verwechseln. Die Allermeisten – das ist nach dem billigsten Überschlag 999 unter 1000 – urteilen in den meisten und wichtigsten Vorfallenheiten ihres Lebens nach den ersten sinnlichen Eindrücken, Vorurteilen, Leidenschaften, Grillen, Phantasien, Launen, zufälliger Verknüpfung der Worte und Vorstellungen in ihrem Gehirne, anscheinenden Ähnlichkeiten und geheimen Eingebungen

(franz.) nachdenken

der Parteilichkeit für sich selbst, um deretwillen sie alle Augenblicke ihren eigenen Esel für ein Pferd, und eines anderen Mannes Pferd für einen Esel ansehen. Unter den besagten 999 sind wenigstens 900, die zu all diesem nicht einmal ihre eigenen Organe brauchen, sondern aus unbegreiflicher Trägheit lieber durch fremde Augen falsch sehen, mit fremden Ohren übel hören, durch fremden Unverstand sich zu Narren machen lassen, als dies wenigstens lieber auf eigene Faust tun wollen. Gar nicht von einem beträchtlichen Teil dieser 900 zu reden, die sich angewöhnt haben, von tausend wichtigen Dingen in einem wichtigen Tone zu sprechen, ohne überhaupt zu wissen, was sie sagen, und ohne sich einen Augenblick zu bekümmern, ob sie Sinn oder Unsinn sagen.«

»*Eine Maschine,* ein bloßes Werkzeug, das sich von fremden Händen brauchen und mißbrauchen lassen muß; ein Bund Stroh, das alle Augenblicke durch einen einzigen Funken in Flammen geraten kann; eine Flaumfeder, die sich von jedem Lüftchen nach einer anderen Richtung treiben läßt – sind wohl, seit die Welt steht, nie für Bilder, wodurch sich die Tätigkeit eines vernünftigen Wesens bezeichnen ließe, angesehen worden: wohl aber hat man sich ihrer von jeher bedient, um die Art und Weise auszudrücken, wie die Menschen, besonders wenn sie in große Massen zusammengedrängt sind, sich zu bewegen und zu handeln pflegen. Nicht nur sind gewöhnlicher Weise Begier und Abscheu, Furcht und Hoffnung – von Sinnlichkeit und Einbildung in Bewegung gesetzt – die Triebräder aller der täglichen Handlungen, die nicht das Werk einer bloß instinktmäßigen Gewohnheit sind: sondern in den meisten und angelegensten Fällen – gerade da, wo es um Glück oder Unglück des ganzen Lebens, Wohlstand oder Elend ganzer Völker: und am allermeisten, wo es um das Beste des ganzen menschlichen Geschlechtes zu tun ist – sind es fremde Leidenschaften oder Vorurteile, ist es der Druck oder Stoß weniger einzelner Hände, die geläufige Zunge eines einzigen Schwätzers, das wilde Feuer eines einzigen Schwärmers, der geheuchelte Eifer eines einzigen falschen Propheten, der Zuruf eines einzigen Verwegenen, der sich an die Spitze stellt – was Tausende und Hunderttausende in Bewegung setzt, wovon sie weder die Richtigkeit noch die Folgen sehen: mit welchem Rechte kann eine so unvernünftige Gattung von Geschöpfen ..« (erst mal Luft holen).

Also: »Die Grimassenmacher, Quacksalber, Gaukler, Taschenspieler, Kuppler, Beutelschneider* und Klopffechter* teilten sich in die Welt; – die Schöpse* reckten ihre dummen Köpfe hin und ließen sich scheren; – die Narren schnitten Kapriolen* und Burzelbäume dazu. Und die Klugen, wenn sie konnten, gingen hin und wurden Einsiedler: die Weltgeschichte in nuce*, ⌜in usum Delphini⌝.«

Taschendieb
betrügerische Landstreicher
Hammel
Luftsprünge, verrückte Streiche
(lat.) im Kern

»*Schuld daran?*« – »Ist freilich der ⌜Primo Motore⌝ des Ganzen, der Schöpfer, den ich den Leviathan genannt, und langweilig bewiesen habe.« Sie hatte während meiner schönen Rede – wahrscheinlich in einem Übermaß von Konzentration – die Augen geschlossen, und öffnete sie erst jetzt wieder, als das Mühlrad zu poltern aufhörte. »Na ja«, sagte sie langsam: »Und Zahnschmerzen hab ich auch etwas.« »Da müssen Sie sofort die ⌜heilige Apollonia⌝ anrufen«, wußte ich Rat, bekam aber nur einen bösen Blick: »Ihrem Kolbenschlag zu verdanken!« murmelte sie (mit vornehm elliptischer* Wendung).

verkürzter

Betten machen: Sie schlief auf der Riesencouch (Einsdreißig breit!), und: »Ich leg mich in die Küche«, stellte ich beklommen fest. »Hm-M.« machte sie, nicht ohne Wohlwollen: das versprach ein Roman* zu werden, mit allem avec*. »Gute Nacht« sagte sie lieblich und zuvorkommend (und nestelte versonnen am Ausschnitt); – »Gute Nacht. – – Lisa!« setzte ich blitzschnell hinzu,

Hier: Liebesgeschichte
(franz.) mit

hörte noch ihr anerkennendes Schnurren und den Riegelklapp, und lauschte abwesend den leisen unbekümmerten Geräuschen im Nebenan: Zauberei! Heute früh –: ach was!: noch heute Nachmittag –! Plötzlich kam die große Welle Zärtlichkeit und Glück: ich hob den Kopf und lachte hell in die umsauste Kammer; ich sprang zur Tür, stemmte die Handflächen dagegen, und rief – ach, irgend etwas Sinnloses: »Tuts noch weh?!«. »Nein: gar nicht mehr!« kam es so rasch und strahlend, und ein prächtiges kleines Lachen folgte, daß Alles gut war. – »Gute Nacht: Lisa!« »Gú-té-Nácht.« sang es fröhlich und müde vom Bett her, die Federung klang fein und äolsharfig, zauberflötig, paganinisch, music at night, bis ich endlich die Hände abnahm und zärtlich das Holz betrachtete.

Nochmals draußen (nach dem Kessel sehen; ob die Glut nicht etwa noch Schaden macht).

Dann am Fensterladen (mit der freien Rechten den Wind abwehren: daß er einen Augenblick ruhig ist –): Atmet drinnen, und regelmäßig.

Achtzehn Grad schon! (Und erst 5 Uhr 30!). Draußen war das bunte Seidentuch hochstraff über die Kiefernwipfel gespannt, blau und hellgelb und rosa. Im Kessel war das Wasser noch ein bißchen lau von gestern; ich rasierte mich à la maître*, und legte zum braunen nackten Oberkörper nur die langen grauen Verführerhosen an, 30 cm Schlag, und den breiten schwarzen Gürtel mit der piratengroßen Messingschnalle (darunter ein Paar seegrüne Turnhöschen: denn heute würdes ja heiß werden).

(franz.) nach Art eines Herrn

Mit kleinen Fäusten hämmerte es an die Türfüllung:

»Kann ich mich waschen?
Wie spät ist es?
Sind Sie schon lange wach?«

Ich gab gewissenhaft jede gewünschte Auskunft, stellte auch das gefüllte Aluminiumwännchen auf den Hocker in der Küche, und floh dann ein bißchen den Weg auf und ab: cibiat ischtinem*: es waren doch keine größeren Flächen zu waschen (aber kompliziertere fiel mir ein, fiel mir ein; und am besten: Tee, Biskuits mit Marmelade, und Erdnußbutter: wir werden sie orientalisch verweichlichen, entnerven!)

Nicht ermittelt

Rauhfelliger Wind schrotete hinten im Gebüsch, während hier das grüne Moos durch ihre hellgelben Zehen und Finger quoll, die schwebten darin und biegsamten.

»*Das brauchen wir ja jetzt Alles doppelt*«, sagte ich strahlend, und rieb die Wannenhöhlung trocken, hingekniet vor ihr, ⌜im Arm das schimmernde Rund, wie den Schild des Hephaistos⌝. »Wieso –« fragte sie eisig: »Woher wissen Sie denn, daß ich bleibe?!« Und mein Herz gerann, daß die Finger am Blechrand erstarrten; ich senkte den großen Kopf und atmete still: richtig!: Wer sagte mir, daß Diana* blieb. (Eins Null für Lisa).

Göttin der Jagd (röm. Mythologie)

»*Was essen wir heute?*« Sie streckte träumerisch ein Bein in die frische blaue Luft; schnippte mit den Zehen (sic!); versunken: »Ja, wenn ich wünschen könnte – –«. Seufzende Stille, mädchenträumerische: »Makkaroni« murmelte die liebenswürdige Schwärmerin: »– Makkaroni mit Käse; dazu grüne Erbsen. Einen Mordsbraten; Tomatenmarksoße. – Und zwei Spiegeleier drauf!« schloß sie wild erwachend, und ihr Blick umfaßte mich weit und voll transzendenter* Bitterkeit: »Nu«, sagte ich munter: »Makkaroni, Käse, .. mm, ... m: also außer den Eiern wär Alles da: kommen Sie nur.« »Iss wahr?« fragte sie mißtrauisch, schon im Schwung des Aufstehens (und ich mußte gleich Feuer machen, und als Belegstücke die betreffenden Büchsen öffnen).

die Erfahrungsgrenzen überschreitender

12 Uhr! Da standen wir mit den dampfenden Schüsseln in der Hand, und sie zischte wie eine Natter: »Der Waffenstillstand läuft ab! Mein Gewehr! – Und Munition!« Ich setzte das leckere Rund hastig auf den Tisch, lief und gabs ihr: »Wo ist das Schloß?!« hetzte sie giftig. »Ja – ischa Waffenstillstand«, sagte ich patzig: »Das hab ich noch von gestern!« Sie atmete unruhig: der Bratenduft! »Verlängern wir ihn!« schlug ich vor; trat vor sie hin, ganz dicht: so viel Männlichkeit und Bratenduft! Ich wurde ernst; ich sagte: »Lisa –« (heiser): »für hundert Jahre, ja?« Sie nickte mit dem Kopf nach der Seite: »Gut –« hauchte sie mit seltsamem Lächeln: »also zunächst für hundert Jahre.« Und dann zogen wir im Triumph mit dem Tablett hinaus, hockten im Rasen und hantierten mit spitzen und runden Instrumenten, erfunden von den Verschollenen. (Anschließend wollte sie sich noch ein bißchen hinlegen: »Eine Stunde noch«, bat sie beschwichtigend und legte mir die Hand über die Schulter. »Schön« sagte ich bockig: »ich werde bis 3600 zählen« und die Hand blieb zur Belohnung noch drei Sekunden länger, und Fingerspitzen prüften meine Haut. Du).

Das Gewitter stand über Stellichte mit schweren geschmiedeten Wolken (Luft wie heißes graues Glas). Alle Vögel versteckt; nur drüben kreischte maschinen das Häherpaar.

(engl.) Unterhose

Büstenhalter

Sie kam aus dem Haus, nur in briefs* und schmalstem Büstenband* und kauerte sich stumm auf die graue Decke, dicht am Rand, zum Nadelboden; den mageren Rücken zu mir, Kniee am Kinn, riemenschmale Arme um die Schienbeine gewunden. Hinter dem grünen Geschnitz der Kiefernborten rumpelte landsknechtisch die eiserne Trommel; Staubwind atmete zitternd auf; dann sank wieder die schwarze Hitze, daß unsere Häute schauderten und schrumpften. Zuerst glühte es noch grün seitlich im Wald, und das verworrene Feld vor uns war staubig und giftgelb; dann schloß sich die ganze Kuppel, und der ungeschickte ⌜Janitschar⌝ wirbelte polternd näher. Meine weiße Wilde; der Wind fuhr ihr ins Haar und ich murmelte eifersüchtig: er soll das lassen! Der rosagestreifte Ball antwortete nicht; nur die Rippenspangen bogen sich deutlicher, als sie einmal tief durchatmete.

(Tiefste Dämmer): der blasse dünntrainierte Leib erwürgte mich fast. Regen zog heulend hoch und vorbei. Hände kannten keine Pause; Glieder winkelten puppig in der verwachsenen Nacht; manchmal sah ich teilnahmslos in geschäftiges Reisegewölk, reisewinde, reisewild:

Station Grauhelle: Wir halfen uns zum offenen Haus, trugen uns in hölzernen Händen übern Gang. Wir. Uns. Gang.

Immer noch Nacht: »Geh in Deinen Mantel!« befahl ich unerbittlich; ihr umgehängter Mantel lehnte seltsam schräg und kaffeebraun um sie in der Luft. »Ich bin Dir zwar herzlich gut …« sagte sie noch kunstvoll drohend (war aber doch tief gerührt ob der Fürsorge); ihr Gesicht ging stürmisch unter dem meinigen auf; wir küßten uns Feuer aus den Gliedern; sie nahm mein Ohr in den Mund und flüsterte Gesetzloses, bis wir es taten. Dann in die wärmliche Nacht; aber:

»Hörmal: Dein Kopftuch!« sagte ich energisch: »das grenzt ja an Piraterie –« (und sie kicherte wohlig) – »fehlt bloß noch n Brotmesser zwischen n Zähnen« (wohlgefällig mißbilligend), »ne Rumflasche in der Hand, und nackter Oberkörper.« Sie nickte nachdrücklich und völlig überzeugt: »Das könnte Dir so passen«, murmelte sie hinter spitzen doppelten Zähnen: »na, mal sehn: nachher vielleicht –« (Und schlenderte in meinen linken Arm). »Ich bin ne richtige Zigeunersche.« und ich nickte besorgt, kummervoll: truetrue.

⌜*So I'm for drinking honestly* and dying in my boots. Like an old bold mate of Lisa Weber. Also: Bibe Gallas! (‹Bibe Piccolomini› entgegnete sie unerschütterlich; gelernt ist gelernt).⌝

»Ein Oetker-Kochbuch will ich haben« (⌜Varium et muta-

bile semper femina⌝) »Was meinst Du, was ich uns da kochen kann!«. »Na dann« zustimmte ich resigniert und schwerfällig, und sie lachte auf und kam sofort nahe: »Wir müssen ja schließlich auch mal essen«, sagte sie behaglich, und: »heute brauchst Du endlich nicht mehr in der Küche zu schlafen – gestern war ich so kaputt –« vertraute sie mir noch reuig an. (Georginen*: die sind adrett und ohne Falsch; auch Logarithmen. Da werd ich sie also in den nächsten Tagen in Alles einweihen).

Dahlien

»Ob es den Leuten nicht unheimlich dabei war? …« (im Gewölbe der spreizenden Kiefer gelagert) erzählte sie nachdenklich: »– wenn sie so diese Zukunftsromane erfanden?« (Sie las eins aus ihrem Rucksack: ⌜Jens, Angeklagte⌝; die Tagesarbeit war getan: wieder zwei Fuhren Verpflegung geholt; ich hatte noch methodisch eine Stunde gesägt und gehackt: der Winter bleibt uns nicht erspart). »Nicht etwa wegen der Majestät ihrer Gedankengänge« kam sie meinen präzisierenden Fragen zuvor, »sondern so: wenn Einer Ende Juni 2070 meinetwegen n schönen Abend sein läßt …« und sie schüttelte tiefsinnig verstummend den Kopf. »Nu« sagte ich behutsam: »feststehen tuts wohl heute schon, was dann für Wetter ist …« aber sie tat schon, hermelinen* und geschmeidig, Lisa aus dem Busch, ihre zwei Sätze, und kniete über meiner Brust: »Was willst Du damit sagen. Du Philister*?!« (So schnell zog sie also, wie instinktiv, sämtliche Folgerungen; auch hinsichtlich ihres Verehrers). Sie hatte eine Hand an meiner Kehle, während die andere suchte: »Das nimmst Du zurück. Solchen Unsinn!« zürnte sie, freiheitlich entrüstet, aber ich stellte die Brauen schräg und schüttelte bedauernd den Kopf.

Hermelin: Fell einer Wieselart

engstirniger Mensch, Spießbürger

Sie stieß mir die breite grüne Grasklinge dramatisch in die Brust, und das kam so ausladend und natürlich, daß ich tief innen nachdenklich wurde, ob sich gleich die Oberflächen vor Gelächter krausten: die alte Wildkatze! Und ich fuhr der kunstvoll Fauchenden in den grauen Pelz, daß sich ihr Genick durchbog und der Mund spaltete.

In leichten hölzernen Sesseln auf dem Rasen. Die Flaschen standen zwischen uns und funkelten anmutig in den letzten rotgoldenen Lichtern. Sie rauchte, die Füße auf einem schicklichen Schemelchen, langsam vom Camel-Päckchen (mußte aber sämtliche Stummel religiös in eine Konservenbüchse legen – nicht werfen!)

»*Ja: das ist ein Mann.*« seufzte sie bedeutsam und faul. Stille und Kühle. Der frische blaue Abend, gelb abgesetzt, würde noch lange dauern. Ich wandte ihr mein Gesicht zu: »Laß Deine ⌜Priameln⌝« sagte ich streng, »und komm gleich zum Apropos: wer ist nun wieder besonders viril*?« Und fügte, um sie zu rascherer Rede zu reizen, noch ‹He?› hinzu. Sie winkte mit den plakatischen Umschlägen, und ich erkannte das gröbere Bild: »Ach so,« sagte ich schwach, und kam zum halben Bewußtsein meiner Aufgabe ‹Hemingway, sowohl Fiesta als auch Haben und Nichthaben.› »Nee,« lehnte ich ab, »ich bin mehr für die Spitzen der US-Entwicklung, so Poe und Cooper: was soll ich da mit dem missing link –?«. »Und Wolfe und ⌜Faulkner⌝?«. »Und Wolfe und Faulkner.« Sie maulte ein paar Sekunden und strich über den Umschlag: »Da ist noch Vitalität und volles Leben« meinte sie pikiert. »Wird diesmal noch mehr geschossen?« fragte ich neugierig: »Oder geboxt: Jubeltrubelheiterkeit? Die Welt besteht doch nur aus Barmixern, Menschenschmugglern, Veterans; kein Mädchen ohne Nymphomanie*; Autofuhren: Gott, muß Amerika schön sein!« Aber sie fuchtelte schon drohend mit den Beinen in der Luft: Denken greift an, und man braucht Ruhe dazu. Seufzen. Dann warf sie ihren größten Tannenzapfen nach mir; sagte schwach: »Gib mir ihn aber wieder; ich will ihn zum Spielen –« und vertiefte sich abermals in Reizungen der neuen Welt. (⌜‹Was der für

(lat.) männlich

Krankhaft gesteigerter Geschlechtstrieb bei Frauen

Stärke haben muß›; genau wie Frau Salabanda in den Abderiten!⌝)

Vorschlag: »Lisa: wollen wir in Hamburg ein Segelboot nehmen? Ausrüsten und in der Welt herumfahren?« (Denn sie war gewißlich der Zigeunertyp). Aber wohl war mir nicht dabei, wenn ich mich umsah (⌜außerdem kannte ich das Meer von 3 Jahren an der Norwegenküste⌝ her, und traute den verfaulten Kuttern nicht mehr viel: aber ich hätt's noch gemacht). Sie schüttelte nüchtern den Kopf (scharfsinnig: kennt mich). Ein dreieckiges hellgelbes Segel tauchte am Horizont auf, lateinisches Segel über unsichtbarem Boot; und auch sie sah hinterhältig dem treibenden zu, gekonnt sehnsüchtig: ist denn der Stellichter Forst nicht übrig? Haselbüsche: sind sie nicht mehr gefüllt mit kleinen Schatten? (Die Camel: schmeckt sie nicht? und hinten reimte es sich auf begatten). Der himmlische Pilot landete weit an Dämmerbänken; mein unruhiger Passagier hatte die Hände am Hinterkopf und flötete fein und abendlich unregelmäßig ⌜»Ich küsse Ihre Hand, Madam –«⌝ (wie 1930: wo sind die Jahre hin?!!). »Und träum, es sei Ihr Mund«: na, das kannste haben. Und ich erhob mich schwerfällig. (Kalte Nacht dann; anschließend Regenperiode).

Lisa hatte heut ihren würdigen Tag: schon beim Frühstück rückte sie fatidik* an zwei Tassen und wollte einen Tisch decken, matronengütig, als könne sie jeden Augenblick nach Stricknadeln fragen. Ich soff Tee in düsterem Schweigen, und als sie einen Stuhl verkehrt auf meinen Schreibtisch schob, erkannte ich das Kismet*: Saubermachen! Fenster auf, Fegen, Staubwischen, Wasserholen, Fußboden schrubben, Wasserholen, von Liebe war überhaupt keine Rede, aber schüttel mal das Tuch aus, und ich sah nur im Vorbeigehen seufzend nach der Couch: da schlug sie heuchlerisch vor, auch die zu klopfen: »Hab ichs erraten, Liebster?«. Also prügelten wir

(lat.) weissagend

unabwendbare Schicksal (im Islam)

das arme Möbel kunstvoll ab, zum Dank für frohe Stunden, per ben fare*. (Es möllerte* aber wirklich unheimlich, und da müssen wir uns heute Abend wenigstens baden, werte Diktatrix*!)

(ital.) um Gutes zu tun

Etwa: staubte

Diktatorin

»Seif mir mal den Rücken ab –« murmelte sie badschlaff; und ich ließ die Hände sorgsam über die gebogene schaumige Fläche reisen, fühlte die Schulterblätter, die dünnen Rippen, noch mehr. – – »Mmm« machte sie faul und genießerisch: also noch einmal, ⌜da capo al fine⌝; – »aber vorn bin ich schon –« erklärte der Teufel langsam (und auch erst, nachdem es ein paarmal zu spät war).

Beim Pilze sauber machen: »Morgen hab ich Geburtstag« bekannte sie nervös (d.h. am 22.8.; nach dem Jahrgang fragte ich edelmännisch nicht, denn 50 klingt zu gußeisern, also würde sie 35 eingestehen); »ich erst nächstes Jahr, ⌜am 18.1.⌝« erwiderte ich das Vertrauen: »Du: da machen wir morgen große Orgie.« Die Messer schnirpten flink, dann hob sie die breite Stirn: »Ich wünsch mir auch was ...« bemerkte sie gleichmütig lauernd; »Nu: Lisa« entgegnete ich gutmütig und fürstlich: »Was ich dazu tun kann: wünsche nur –: – ?«. »Ehrenwort?!« fragte sie mißtrauisch, und ich runzelte betroffen die Mundwinkel: was mochte sie nur wieder wollen?? »So was Dummes! –« meinte ich unwirsch: »Sag was Du willst, und ich tus: Na?!«

Sie zog einem Waldchampignon das Präputium* zurück, beschnitt den Rand und schob den verstümmelten Pflanzenleib mir zu (»Diese Hüpferlinge!« knurrte sie ärgerlich und blies durch die Lamellen des nächsten): »Du sollst mir von Deiner Kindheit erzählen: wo und wie Du aufgewachsen bist – Eltern Undsoweiter.« und sah kalt herüber: das hatte ich wieder nicht erwartet! Ich war völlig perplex; ich kratzte mir den Kopf; ich bat: »Lisa! – Liebste Lisa: ⌜kann ich nicht dafür n Sonettenkranz auf Dich machen: denk ma: 14 Stück, und das 15.,

(lat.) Vorhaut

das Meistersonett, ganz aus den Zeilen der übrigen⌝? Stell Dir das mal vor!!« Jetzt war es an ihr, sich mit Zweifeln zu füllen: »Einen Sonettenkranz?« fragte sie interessiert, und gestand im gleichen Atem: »Das hat noch Niemand auf mich gemacht. – Hm. –« Und das Schwanken war groß und eitel. »Verflucht!« sie rückte gequält hin und her und warf mir einen bitterbösen Blick zu.

20 *Minuten später* erhob sie sich resolut, holte die zwei Würfel (dies Auskunftsmittel hatte ich sie gelehrt, wenn die Gründe 50: 50 stehen), und erhielt für den Sonettenkranz 8, o weh; dann für die Jugenderinnerungen 11 (obwohl es ‹brannte›; denn der eine lag ausgesprochen auf einem Stück Schale!). Also: –

22. *8.:* tarattattaaaaaaa!!! – Ich trat auf die dezent Geschmückte zu, hielt eine kleine oratio*, und führte sie zu den Geschenken: ⌜ein echter Feuerbach⌝ war dabei ‹Die Lautenschlägerin› (noch von Hamburg her); ein neues Doppelglas* 12 mal 60 Leitz (denn ihres war nur ein ganz gewöhnliches 6 mal 40 gewesen); ein großer Colt (man muß auch einen der verläßlichen Trommelrevolver haben; die Pistolen sind zu kompliziert); ein paar Bücher: 2 Cooper (in Deutsch allerdings), ⌜Victoria Regina⌝ (sowas interessiert Frauen immer), und Wieland ⌜»Don Sylvio von Rosalva«⌝. Sie bedankte sich gerührt und erfreut (ließ mich allerdings bei dem offiziellen Kuß raffiniert ihre Zunge fühlen, quite unladylike*) und wies mit dem dünnen nackten Finger auf die 10 beschriebenen Blätter: »Sind das die Memoiren?« bemerkte auch auf mein stummes Nicken hoheitsvoll: »Verdammt wenig, mein Lieber.« ⌜Dann schufen wir das Symposion: Zwanzig bliesen zugleich der Blasebälg in die Öfen / allerlei Hauch aussendend des glutanfachenden Windes (und ihr gefiel das donnernde Maß ungemein: Jene stellt auf die Glut unbändiges Fett in den Tiegeln; wohlgefäl-

(lat.) Rede

Fernglas

(engl.) ziemlich undamenhaft

lig nickte sie: kai tote de chrüseia pater etitaine talanta: denn sie wog just Mehl und funkelndes Mus in zween Schalen).⌉

Golden und hitzig strömte der Nachmittag: »Nächste Woche machen wir Kartoffeln raus« mahnte ich nörgelig; aber sie rümpfte indigniert die Geburtstagsnase und hielt lässig die Hände vors ⌈Tympanum⌉. Ein wenig Wind (und winzige weiße Schafflocken am Fuß der Ahrsener Gehölze: nur zu sehen im neuen großen Leitz 12 mal 60: das Instrument gefiel ihr!)

Lampiges Fenster weht auf: ich stöhnte noch ein bißchen, händigte ihr aber dann doch die Blätter anstandslos aus, ein Mann ein Wort, und sie las (bequem im Sessel, völlig zerküßt, unter der Stehlampe: meine Erinnerungen. Ich durfte stumm zusehen).

⌈… *die gute Stube*⌉ war nicht verschlossen; denn man konnte, obwohl es selten genug geschah, durch sie hindurchgehen, in der derben Dämmerung der häßlichen fleischfarbenen Vorhänge, auf den harten körnigen Balkon, der wie eine kahle Steinkiste aus dem zweiten Stock des Mietshauses ragte. So schwer und trübe war er mit seinen über handbreiten undurchbrochenen Seitenwänden, daß man ihn nur auf den Zehenspitzen betreten mochte, und stets noch das schnell zweifelnde Herz bekämpfen mußte, das zagend den freiwilligen Sprung in die felsige Gassenschlucht vorschlug, um nicht zwischen den rauhen klobigen Lasten hinabzupoltern.

Zwar der lange grüne Blumenkasten vorn war anziehend genug; doch er stand am Rande; mit der dürftigen Wildnis seiner winzigen Unkräuter, welche die sinnlosen Erwachsenen sorgfältig ausrissen, mit tauben Händen und ungestraft; fäustiges Volk.

So wurde der ‹Balkon› zum Anfang seltsamer Flugträume, in denen man die gedämpft schreienden und scheltenden Eltern hinter sich ließ, und mit wehenden

Armen weit um die Häuserecken dicht über den menschenarmen nachtgrauen Straßen schräg nach unten glitt – nicht allzuweit; meist faßte man Fuß zwischen dem Kentzlers- und Louisenweg – und schritt dann schwebend unter den graulockigen Wipfelballen der vormorgendlichen Allee dahin (Richtung Schule Hammerweg) …

… *so hell und leer* war die Welt mit großen Räumen und reinem kaltem Farbenspiel. Von breiten hölzernen Brükken sah man hinab auf die Bahngeleise, die in erregender Unerbittlichkeit schnurgerade auf den erbleichenden Himmel zu liefen; schollige Felder gingen ins fernste Blau; Mehlbeeren hingen wie traubiges Feuer in drahtstarren Dornenbüschen; vereinzelte Garben wie aus nickendem Golddraht gebündelt auf den Feldern; fliegend überall zauberfarbenes Laub und tönender Wind zwischen roten Zweigen. Weiße ruhige Villen lagen hinter abwehrend umgitterten Gärten, an den kahlen Vorstadtstraßen; raschelnd wandelte man im kühlen Abendgold. Und wenn man eins der großen gelben Blätter am weichen kalten Stiele aufnahm, lag eine rote funkelnde Kastanie darunten: der schlanke Geist im roten Seidenmantel hatte ein edles Haus. Dann kam ein kurzer kalter Windstoß, der die schleifenden Blätter drehte, und man wußte, daß er ein Wesen für sich war, deren viele diesen großen rauschenden Vorort bewohnen mußten. In langen Reihen zogen die Kinder, meist von den größeren Mädchen geordnet, auf den stillen blanken Straßen, vor dem grün und gelben Himmel entlang, mit den bunten Kugeln ihrer gerippten Papierlaternen, in denen kleine Wachshäufchen glimmten.

Einmal wurde der Abend fremd und eisscharf und so hoch, daß der Himmel, die schützende schöne Wölbung verschwand. Teilnahmsloser als Steine waren die unzählbaren glitzernden Sterne, die miteinander flinke spöttische Strahlnadeln tauschten: warum wechselten sie zierliche und eiserne Blicke, wenn man mit gefrorenen Händchen am Laternenpfahl stand? Alles verfremdete sich.

Oben war die Küche warm und hellgelb und es gab heißen Tee, den der Junge am flachen eisernen Ofen trank, während bei den anderen – den Erwachsenen – ruhiges Gespräch und matter Scherz wechselten. Es blieb immer seltsam genug, wie sie darüber hinwegsahen – mit basaltenen* Seelen und warmen Händen – daß sie sich, um das Leben zu ertragen, von der Welt kleine Stücke – Stuben – abtrennten. Was war es, das ihnen diese entsetzliche Sicherheit, dies gespenstische Vergessen gab, daß sie nicht hörten, wie es im Ofen heilig und singend rief (unbekannte hohe und tiefe Stimmen, die sich gelassen und schwermütig aus den Tiefen der Nacht unverständliche Zeichen gaben; höfliche und undeutbare Rufe, ablehnende); wie draußen die edlen Bäume sich im fahrenden Eiswind kummervoll und sehnig nach rückwärts warfen; ⌜wie metallene Sternpfeile in herrlichem und tödlichem Bogen abschossen aus Nichts in Nichts, from the Alone to the Alone⌝? Sie hatten Grenzen in sich und um sich gezogen; sie maßen und wogen: Aber das Maßlose? das nicht zu Wiegende?

Basalt: schwärzliches Vulkangestein

(Da er keine Grenzen in sich fand, haßte er alles, was Grenze und Grenzpfahl war, und wer sie errichtet hatte).

... *Nachdem er* sorgfältig den dünnen Tee, der beim letzten Schluck einen winzigen spitzen Zuckergeschmack gab, ausgetrunken hatte, stellte er die Tasse auf den Kindertisch und sah in das spärliche Feuer, in dem sich ein länglicher Brikett aus einem stumpfschwarzen bedruckten Ziegel still in ein Anderes verwandelte. Feine rote Risse drangen von allen Seiten in ihn hinein, und darüber am Außenrand lag schon eine blättrige weiße

Aschenschicht, aus der sich zuweilen noch lautlos winzige bläuliche Flämmchen mit hellgelber Spitze blähten, wenn aus dem dunklen unbekannten Berginnern die Gasströme stürzten. Für einen Augenblick konnte man am Fuße der felshohen Wand stehen, und tief in die wilden stumm glühenden Klüfte schauen; auch in roten felsigen Hochländern und funkelnden Sandwüsten wandern; oder behutsam Papierschiffchen auf ein noch schwarzes Stück Kohle setzen und mit vergehendem Herzen warten, bis das rote Meer lautlos an die verkohlenden Planken schlug, wehe der Zaubermannschaft.

Der graubraune Sofaüberzug, und er blickte an der altmodisch hohen Rückenlehne hinauf und hinunter: bei Gaslicht, wenn die kurzhaarige, an vielen Stellen abgeschabte Plüschwand mit wilden Schatten dastand, nahm er manchmal zwei drei Stecknadeln und ein fingerlanges Endchen Zwirn, und begann unten, wo Sitz und Lehne zusammenstießen, anfangend, die Nadeln emporwandern zu lassen: bald war man mitten in der unsäglichen Bergwelt allein, im donnernden Geröll, unter überhängenden Wänden, an denen klatschend das schwere Seil schwankte.

... *die große Sonne* war rein gelb und rot aufgegangen und schien durch die gefrorenen Scheiben, auf denen sich, da die Küche noch nicht recht durchheizt war, das Schauspiel entfaltete.

Einmal wandte er den Kopf und rief seine Mutter, die eifrig kochte und gelben süßen Teig in einer Schüssel drehte: »Du!«; dann wies er auf das Fenster, an dem die Eiskräuter schlank und gebogen in den silbernen Schatten standen. Sie kam hastig herbei – bis an den Grenzpfahl – sah einen Augenblick in das kleine helle Gesicht, sagte schnell: »Hm – Eisblumen.« und blickte dann wieder gespannt, einen Finger am Gashahn, in das wallende Wasser. Der Kleine sah es auch, wie es mit feinen heißen

Blasen aus der unergründlichen verschleierten Tiefe des großen Topfes emporstieg, mit schraubigen Wellen an den Rändern nach der Mitte zu strömte und leise brausend wieder versank.

Dann ging er wieder in den bereiften Garten, unter den wie dünne Reifen gebogenen und mächtig gefiederten Blattwedeln entlang, einen engen weißen Pfad, der – man sah es ganz deutlich – bis ans flache Ufer eines weiten gefrorenen Sees führte, auf dessen Rand die rosige Sonne rollte.

Er hätte gern gewußt, wie die stolzen fremden Pflanzen hießen – nicht, wie sie genannt wurden – das war etwas ganz verschiedenes; denn er hatte wohl gemerkt, daß man manche Dinge richtig und manche falsch rief. »Eisblumen« war falsch; sicher hatte auch jede davon ihren eigenen Namen: aber recht wohl war ihm bei dieser Vermutung nicht; denn er erinnerte sich mit Schrecken daran, daß ja auch die Blumen, Gräser, selbst die hohen Bäume des Sommers, angeblich keine eigenen Namen hatten. Oft begegnete ihm im Treppenhaus ein großer leicht warziger Mann, mit einem lauten, roten Gesicht, der Pfeiffer hieß: warum hieß er Herr Pfeiffer, und warum hatten die sechs schlanken geliebten Pappeln am Bauerberg mit ihren munteren Blättern und den langen schönen Zweigen keine Namen? Er wollte ihnen keine ‹geben›; er wollte nur ihre richtigen hören!

Er sah wieder auf das Fenster und bemerkte mit Erstaunen, daß er nicht mehr in dem Garten herumlief, sondern wieder auf seinem Doppelstuhle saß; steif und mattsilbern stand in der Ferne der Zauberpark und wartete …

Die Tasse erschien in der Luft (ich hattes zuerst gar nicht gesehen) und man bewegte sie ungeduldig hin und her, ohne vom Papier aufzublicken: das hieß also ‹einschenken›, na schön; ich arretierte die Wackelnde mitsamt den hellen Fingern und füllte nach. ⌜»Pre …« fing ich an; aber da hielt sie sie schon wieder gerade, und ich flüsterte nur der Vollständigkeit halber noch »… caución«⌝. (Gut schaute sie aus mit der eckigen Lesebrille und dem langen schlanken Kleid; ⌜aber man hätte nach 8 Jahren wohl Helena in jedem Weibe gesehen⌝, mahnte der Kritikus). Wahrscheinlich sollte ihr Interesse ein Kompliment für mich sein.

Sie nickte langsam und griff, ohne mich anzusehen, zum nächsten Blatt:

(Interessiert ja doch Niemanden).

Mitternacht längst vorüber: sie faltete die Blätter sorgfältig zusammen und nahm sie fest in die Hand. Ich stand am Fenster und sah den Viertelmond (crescit*: er lügt) langsam und gebückt über die Wiesen schleichen; Wiesenmond durch Herbststille; alle Uhren gehen aus; ein Geist müßte man sein: schwebend über Herbstwiesen, so sähe mein tauiges Paradies aus. Sie stand hinter mir im Vorhang; sie legte die Hand an meinen Ärmel: »Ist es Dir sehr schwer gefallen?« fragte sie abwesend-reuig; ich antwortete natürlich nicht, und wir hörten es ums Haus kiefern und hauchen.

(lat.) es wächst, gedeiht

Auf dem Wege auf und ab gehen: »Immer kann ich nicht bleiben« sagte sie vor sich hin: »ich muß noch mehr Menschen finden.« Nachtkälte. Ich sagte lange: »Wenn Du aber Niemanden sonst antriffst?« (Wendung auf den Schienen; stehen; der Mond sank langsam ein in Nadelgezweig und Dunstband: rötlich war das silberne Wesen geworden, die untere Spitze schon weg, unten). »Dann komm ich wieder« flüsterte sie tröstlich, atmete hoch und tief. Traurig und schön. –

Stiller Nebelgrund im Ostermoor: lautlos Kartoffeln rausmachen. Die Erde glühte schwarz und rot; wir wühlten langsam in den kalten Schollen, mit fleckigen weinroten Händen; es drückte unter den schwarzgeränderten Nägeln. Das Wolkenfeuer veraschte bald; kalt und dämmergrün blieb der Weidengrund unten, während ich am beuligen Sack knotete. Schärfe entstand in der Luft, und die Büsche wirbelten ein wenig mit dem schwarzen Laub. Die Stille lag herbstheil über dem ‹ganzen› Land.

Sie fragte: »Warum schreibst Du eigentlich noch? – Warum hast Du überhaupt Bücher geschrieben?« (Antwort: Geld verdienen. Worte meine einzigen Kenntnisse. »Das ist nicht wahr!« sagte sie empört. Habs anders versucht. Auch: es macht mir Vergnügen, Naturbilder, Situationen, in Worten zu fixieren, und kurze Geschichten so durchzukneten).

⌜*Sie pfiff den Marsch der finnländischen Reiterei:* püpüpi: püpüpi: püpüpüperüpüpü (og frihet gar ut fra den ljugande pol)⌝; sie sagte gerunzelt: »Also niemals für Leser, wie? Nie irgendeine propagandistische oder ‹sittliche› Aufgabe gefühlt?«

»*Für Leser?*« fragte ich zutiefst erstaunt; auch die ‹sittliche Aufgabe› war mir neu. »Ich meinte ja auch bloß –« besänftigte sie, bohrte aber sanft weiter: »aber sag mal: –?«. »⌜Ich hab immer begeistert Wieland gelesen: Poe, Hoffmann, Cervantes, Lessing, Tieck, Cooper, Jean Paul – das hab ich mir manchmal vorgestellt: ob die mit meinen Sachen zufrieden wären, oder Alfred Döblin und Johannes Schmidt.⌝ Aber allgemein ‹Leser›?? – Nee!!« (Sowas kenn ich nicht).

»*Heldenverehrung?*« ich schnob verächtlich: »Mädchen!« Wer so lange mit mir gelebt hat wie ich, der glaubt an keine heroes* mehr (vielleicht einige, aber die sind sicher schon lange tot). Trotzdem bat ich: »Lisa: bleib!« aber sie war schon zu weit weg, mindestens 10 Furchen, und füllte den Drahtkorb wieder mit den sanften steinhellen Knollen.

(engl.) Helden

Frost at midnight: die hölzerne Stube war weiß und schwarz vor Mondgeflunker; im Ofen schlief ein dicker roter Punkt. Wir erwachten fröstelnd, und sie bohrte die geliebten Schultern scharf in mich. Ich streichelte einmal mit den Händen über Alles, sagte: »ich mach noch mal Feuer,« küßte in schläfriges Haar, und holperte, nächtlich bekleidet: gestreift wie im bagno*, zum herrlichen Ofen. Jetzt segnete ich unser Gesäge, und all die Spändel-Nachmittage; ich griff in schattige Hölzer und baute schnell ein kunstvolles Gitter um den roten Punkt, blies delphinenmäulig schlaftrunken, und sogleich wucherte die Flamme im eisernen Gewölbe, dehnte sich begehrlich und dünn durch die Züge, der Kopf torkelte mir auf die kalte Brust, und ich stolperte wieder zur Lisa.

* (ital.) Badeanstalt, Badeanzug

Nach 15 Minuten floß die warme Welle über uns. Sie stöhnte befriedigt, pflanzenhaft willenarm (und ich huschte noch einmal davon und schob Buchenkloben nach). Wir umschoben uns mit Händen und flochten die Beine umeinander, ruhig und sicher. Als es richtig warm war, sagte sie lüstrig:

»*Komm: laß uns wacholdern!*« Ich erhob mich, einverstanden ohne Widerspruch, denn der Mond hatte auch mich toll gemacht; wir verkleideten uns, stirnziehend und flink, und gingen hintereinander durch die Bretterwände.

Wacholdermond: er funkelte und weißblaute genug. Die Pflanzen standen seydenschwartz mit wunderlchen Gebärden (das ‹i› muß um des Satzrhythmus willen ausfallen). Noch einmal: glitt Lisa ins Haus nach den Flaschen. – Wir tranken in festes Nadelparkett gehockt, still und beherrscht.

Sie reckte den Hals, ihre Stimme sagte: »Ich fahr ab.« Ich sah die Wacholder um mich huschen, sitzen; ich faßte meinen Nebenast: »Wieso?« fragte ich trocken und un. Drüben blinkte das grüne Flaschenglas im Hochlicht: »Mir gehts zu gut bei Dir« atmete es über drei Moosfleckchen. Ich war mit einem Donnersprunge neben der Weißen und faßte in ihr Fleisch: »Lisa!!«

Ich sagte: »Lisa!: –« »Meine Haut zittert, wenn ich ein Kleidungsstück von Dir sehe. Und mein Herz ist wie ein ⌜Fundevogel⌝, denke ich nur Deinen Namen: wollen wir nicht wie die Prinzen leben. Meine Champignonne?«

Sie antwortete gellend: »Ich hab keine Schuhe an.« (Richtig: ihre Füße waren nackt!) Ich riß mir die Jacke auf und stemmte ihre Sohlen an die Brust, ihre Knie lagen in meinen Händen. Der Mondwirt goß es weiß über uns; rechts von ihr lag eine gelbe Hand, links von ihr lag eine gestreifte Hand: und sie kamen auf meinen Körper zu. Ich rieb ihre Kniee und drang näher auf sie ein; aber sie straffte die Beine und trieb mich zurück.

»Morgen fahre ich ab: es ist gerade noch Zeit, ehe ich ganz behäbig werde. Du bist mir zu stark.« Sie schob sich hoch; sie sagte ruhig: »Du kannst mir gleich dabei helfen: sieh das Rad durch und den Anhänger; ich zieh mich an.«

Rad aufgepumpt; der Anhänger dran. Ich ging ins Haus; sie stand in der Küche und packte, mit Büchsen und Flaschen einen Rucksack. Ich rief: »Bleib!« (Glas und Blech erscholl nicht gedämpfter).

»Lisa!« aber eine Leine machte Knoten und raschelte. Da ging ich hinaus und gaffte, wie sich der Reif auf dem Land bildete.

In Overall und Mütze: so griff sie nach der Lenkstange. Noch einmal trank sie süchtig; hielt mir das gläserne Behältnis hin, und ich küßte den kalten feuchten Flaschenmund, den kalten schnapsfeuchten Frauenmund, bebend vor Kälte und Elend.

»Ich muß!« erklärte sie entschlossen, »ich werde bei Dir – ich weiß nicht – dicker und klassischer. – Sicher ists nur mein Zigeunergeist und in 8 Tagen bereu ichs schon. – Du bleibst ja hier, und ich weiß immer, wo meine letzte Zuflucht sein kann: – ?!« Sie hielt mir die Hand über den Rahmen hin, und ich griff ihr Halsfleisch und küßte was ich fand, daß wir fast umfielen.

»Ich bin verrückt!« stellte sie stöhnend fest: »Aber kein Mensch kann für seine Natur. Entwurzelt durch 3 Kriege, ach –« Sie brach ab und befahl: »Tritt zurück. In den Buschkreis.« Ich tats. Sie saß ruhig auf und sah sich noch einmal um:

vom Sieden schwarzen

Die Wiesen glänzten still und luftig im sottschwarzen* Kiefernrahmen. ⌜Der Mond als Schlußstein des schief zugespitzten Himmelsgewölbes.⌝ Ich sagte sinnlos: »Hast Du auch Streichhölzer – Du?«. Sie erwachte und erwiderte interessiert: »Nein! – Hol mir welche: ja?!«

Im Haus: wo sind die denn?! Ich zerriß Schübe und Packpapier: wo denn!!–

Fort: Sie war fort! Natürlich! Und ich stand mit geducktem Kopf wie in einem blauen Stein. Blödes Gesicht. Inmitten Pflanzen. In der Rechten ein Paket Streichhölzer.

Gegen Morgen kam Gewölk auf (und Regenschauer). Frischer gelber Rauch wehte mich an: mein Ofen! So verließ ich den Wald und schob mich ans Haus: der letzte Mensch.

Noch einmal den Kopf hoch: da stand er grün in hellroten Morgenwolken. Reif in Wiesenstücken. Auch Wind kam auf. Wind.

Kommentar

Zeittafel

1914 Arno Schmidt wird am 18. 1. als zweites Kind von Clara Gertrud (geb. Ehrentraut, 1894–1973) und Friedrich Otto Schmidt (1883–1928), einem gelernten Glasschleifer und Berufssoldaten, der nach dem Ersten Weltkrieg als Polizei-Oberwachtmeister arbeitete, in Hamburg-Hamm geboren. Schwester: Luzie Hildegard (1911–1977). Schmidt wächst in ärmlich-kleinbürgerlichen Verhältnissen auf.

1920 Besuch der Volksschule Pröbenweg; ab Ostern 1924 Realschule Brekelbaumspark.

1928 Nach dem Tod des Vaters Umzug der Familie nach Lauban (Schlesien), der Heimatstadt der Mutter. Besuch der Oberrealschule in Görlitz.

1933 Erste Gedichte entstehen; nicht ausgeführter Plan einer Oper nach E. T. A. Hoffmanns *Die Bergwerke zu Falun*. 10. 3.: Abitur. Besuch der Höheren Handelsschule in Görlitz; ab September arbeitslos.

1934 Kaufmännischer Lehrling in der Textilindustrie (bei den Greiff-Werken in Greiffenberg); nach Abschluss der Lehre (31. 1. 1937) Grafischer Lagerbuchhalter (bis 1. 4. 1940).

1937 Heirat mit Alice Murawski (*24. 6. 1916), Umzug nach Greiffenberg (Schlesien); Arbeit an einer sieben- und zehnstelligen Logarithmentafel (bis 1948) und an dem Erzählfragment *Die Insel*.

1938 Im August einwöchige Reise nach England.

1939 Reise nach Weimar und das zwischen Weimar und Apolda gelegene Gut Oßmannstedt (auf den Spuren Johann Wolfgang von Goethes und Christoph Martin Wielands). Schmidts Schwester, inzwischen verheiratete Lucy Kiesler, emigriert mit ihrem jüdischen Mann nach Amerika.

1940 Einberufung zur Artillerie; Schreibstubendienst in Hagenau (Elsaß). *Dichtergespräche im Elysium*.

1941 Garnison Hagenau im Elsaß.

1942 Versetzung nach Norwegen (Romsdalsfjord). Während des Schreibstubendienstes entstehen weitere Erzählungen (*Juvenilia*).

1945 Kampfeinsatz an der Westfront bei Vechta. Im Februar flieht Schmidts Frau nach Quedlinburg zu ihrer Stiefmutter. Vom 16.4. bis 29.12. englische Kriegsgefangenschaft Schmidts in einem Lager bei Brüssel; Entlassung in das niedersächsische Dorf Cordingen.

1946 Das Paar wohnt im Mühlenhof Cordingen (bei Walsrode). Von November 1945 bis Ende November 1946 arbeiten die Schmidts beide als Dolmetscher in einer englischen Hilfspolizeischule in Benefeld in der Lüneburger Heide, in der heimkehrende Soldaten zu Hilfspolizisten und Polizeireservisten ausgebildet wurden. Sie übersetzen die von der englischen Militär-Regierung eingegangenen und an diese abgesandten Schriftstücke, Meldungen, Berichte und Dienstpläne; Arno Schmidt steht außerdem bei den häufigen Kontrollbesuchen englischer Offiziere als Dolmetscher zur Verfügung.

1947 Nach Auflösung der Hilfspolizeischule entschließt sich Schmidt, freier Schriftsteller zu werden. Neben der Arbeit an einer Biografie des Romantikers Friedrich de la Motte Fouqué entstehen zwischen 1946 und 1950 die Erzählungen *Enthymesis*, *Leviathan*, *Gadir*, *Alexander*, *Massenbach* und *Brand's Haide*.

1949 Erste Buchveröffentlichung: *Leviathan* (Rowohlt Verlag).

1950 Großer Akademie-Preis für Literatur der Mainzer Akademie (zusammen mit Werner Helwig, Hans Hennecke, Oda Schaefer, Heinrich Schirmbeck). Umsiedelung nach Gau-Bickelheim (Rheinhessen).

1951 Umzug nach Kastel an der Saar; *Brand's Haide* (enthält die beiden Erzählungen *Brand's Haide* und *Schwarze Spiegel*) (Rowohlt Verlag). Zwischen 1952 und 1955 entstehen *Die Umsiedler*, *Aus dem Leben eines Fauns*, *Seelandschaft mit Pocahontas*, *Kosmas*, *Das steinerne Herz*. Ab 1950/1951 übernimmt Schmidt aus finanziellen Gründen Übersetzungsarbeiten.

1952 Kontakt zu Martin Walser und Alfred Andersch, die als Redakteure beim Süddeutschen Rundfunk arbeiten. Andersch regt Schmidt später an, zur Aufbesserung der Einkünfte literaturhistorische Essays für den Rundfunk zu schreiben; Beginn eines Briefwechsels zwischen Andersch und Schmidt, der bis zu Schmidts Tod anhält. Die erste von etwa 20 Übertragungen aus dem Englischen und Amerikanischen wird publiziert.

1955 *Seelandschaft mit Pocahontas* erscheint in Alfred Anderschs Zeitschrift *Texte und Zeichen* und provoziert ein Verfahren wegen Verbreitung von Pornografie und Gotteslästerung. *Kosmas oder vom Berge des Nordens* (Agis-Verlag). Umzug nach Darmstadt; dort entstehen zwischen 1955 und 1958 *Geschichten aus der Inselstraße*, *Tina oder über die Unsterblichkeit*, *Goethe und Einer seiner Bewunderer*, *Die Gelehrtenrepublik*, *Fouqué und einige seiner Zeitgenossen*; ab 1955 entstehen außerdem etwa zwei Dutzend Funkessays, die im Rundfunk ausgestrahlt werden, u. a. über Barthold Heinrich Brockes, Karl May, Christoph Martin Wieland, James Joyce, Johann Gottfried Herder, Ludwig Tieck, Adalbert Stifter.

1956 Einstellung des Verfahrens wegen Verbreitung von Pornografie und Gotteslästerung. Durch Vermittlung von Alfred Andersch Wechsel zum Stahlberg Verlag.

1958 Umzug nach Bargfeld (Kreis Celle). Entstehung des Romans *Kaff auch Mare Crisium* (Stahlberg, 1960); zwischen 1960 und 1963 entstehen die Erzählungen *Kühe in Halbtrauer* (Stahlberg, 1964).

1962–1963 Arbeit an *Sitara und der Weg dorthin*, einer Studie über Karl May (Stahlberg, 1963).

1963 Beginn einer Übersetzung der gesammelten Werke Edgar Allan Poes (zusammen mit Hans Wollschläger u. a.; Walter Verlag, 1966–1973).

1964 Berliner Kunstpreis für Literatur (Fontanepreis); die Laudatio hält Günter Grass.

1965 Große Ehrengabe des Kulturkreises im Bundesverband der deutschen Industrie. Schmidt beginnt mit der Niederschrift von *Zettel's Traum*.

1970 Schmidts Hauptwerk *Zettel's Traum* erscheint (Stahlberg); 1970 bis 1971 Niederschrift von *Die Schule der Atheisten* (S. Fischer Verlag, 1972).

1972 Herzinfarkt.

1973 Goethe-Preis der Stadt Frankfurt am Main. 17. 10.: Tod der Mutter.

1974–1975 Niederschrift von *Abend mit Goldrand* (S. Fischer Verlag, 1975).

1976 Materialsammlung für den Fragment gebliebenen Roman *Julia, oder die Gemälde*; Niederschrift ab 10. 2. 1979.

1979 Arno Schmidt erleidet am 31. 5. einen Schlaganfall und stirbt im Krankenhaus Celle (3. 6.).

1981 Alice Schmidt und Jan Philipp Reemtsma gründen die Arno Schmidt Stiftung, die die Werke herausgibt, den Nachlass betreut und Haus und Archiv in Bargfeld verwaltet.

1983 Tod von Alice Schmidt (1. 8.).

Entstehungs- und Textgeschichte

Datierung

Die Arbeit an der Erzählung *Schwarze Spiegel*, die in Buchform zusammen mit einem weiteren Text Schmidts, der 1950 entstandenen Erzählung *Brand's Haide*, 1951 im Rowohlt Verlag erschien, lässt sich durch Arno Schmidts eigene Angaben auf den Manuskripten, durch Tagebuchaufzeichnungen seiner Frau Alice Schmidt sowie anhand des lückenhaft erhaltenen Briefwechsels mit dem Rowohlt Verlag verfolgen.

Alice Schmidt notiert am 7. Januar 1951 im Tagebuch: »A. macht schon allerhand Notizen für seinen neuesten Plan. Ich weiß aber noch gar nicht, was es ist. Eigentl. Idee liege schon lange zurück; gestern wär ihm aber erst klarer Plan gekommen.«

Wie lange die Idee zurückreicht, hat Schmidt selbst verschiedene Male genauer datiert. So hält er in einem für sein dichterisches Programm bedeutsamen Text, den *Berechnungen II* (1956), fest, *Schwarze Spiegel* sei für ihn während seiner Kriegsgefangenschaft »im Stacheldrahtkäfig vor Brüssel« (BA III/3, S. 278) im Jahr 1945 ein Zuflucht bietendes Gedankenspiel gewesen.

Auf dem Manuskript notiert Schmidt:

»Materialsammlung: 7.1.51, 20^{00} – 19.5.51, 10^{00}
Niederschrift: 1. Teil 1.5.51, 10^{40} – 12.5.51, 9^{15}
2. Teil 13.5.51, 7^{30} – 20.5.51, 12^{30}
3. Teil entfällt«

Während Schmidt gerade mit der Niederschrift begonnen hat, notiert seine Frau am 2. Mai 1951 im Tagebuch: »A. klagt, sein Schwarzer Spiegel würde nichts. Ist ganz verzweifelt, er könne nichts mehr. Ich tröste ihn: Das hätte er ja bei allen gesagt. Glaub's ihm nicht. – Im Anfang denkt er immer, seine Sachen wären schlecht. So gefiel ihm jetzt bei der Fahnenkorrektur nun auch Brands Haide plötzlich nimmer.« Einige Tage später, am 12. Mai 1951, trägt sie ins Tagebuch ein: »A. meint jetzt, es wäre etwas besser als Brands Haide.«

Eine Notiz Arno Schmidts gibt weiter Aufschluss:

»1. Durchsicht 21.5.51, 10^{20} – 12^{40}
2. Durchsicht zu faul
Reinschrift 22.5.51, 7^{10} – 24.5.51, 15^{30}«

Die handschriftliche Fassung des Textes versieht Schmidt mit einer Widmung:

»Den Waldstücken / nordwestlich von Cordingen, / die mich vier Jahre lang / wärmten und / nährten, / und mir / unvergeßliche Bildreihen schenkten. / Arno Schmidt.«

Am 25. Mai 1951 wird die Reinschrift an den Rowohlt Verlag geschickt; in einem Brief vom 4. Juli 1951 schlägt der Rowohlt-Lektor Kurt Marek Schmidt vor, er möge sich für *Schwarze Spiegel* einen neuen Schluss ausdenken, denn der jetzige sei keiner. Der Brief trifft am 7. Juli 1951 ein; Alice Schmidt hält im Tagebuch an diesem Tag fest:

»A. ist außer sich. Ändern kommt gar nicht in Frage. Das ist der einzig mögliche Schluß! Er schmettert Marek einen Brief hin. [...] Auch kurze Erklärung, warum er so gemacht: er (M.) wolle den 3. Teil. Das sollte man nie wollen. Ob der Faust wegen seines allerallerletzten Teils besser geworden wäre? Wären die Brüder Karamassow nicht gut, weil sie eben nichts lösen. Stünde ein Soldat nicht auch weiter in all den Wirrnissen. Natürlich wär's philosophisch begründet u. allerletzte Verzweiflung. Seine Bücher weisen alle aufeinander. Im Leviathan wäre die Antwort schon gegeben.«

Das Thema greift Schmidt noch einmal in einem Brief vom 20. Juli 1951 an den Verleger Heinrich Maria Ledig-Rowohlt auf:

»Lassen Sie mich Ihnen zum Fall ‹Schwarze Spiegel› noch dieses sagen : sobald das Thema einer von Menschen entleerten Welt feststand, waren 2 (und nur zwei!) Stoffkreise zu erledigen, nämlich

1.) die äußere Darstellung dieser Welt : dies ist der »Zustandsbericht«; ein Wort das Herr Marek in völliger Verkennung der Stoffunterteilung dem 2. Teil (sic!) beilegt

2.) ein psychologisches Problem : wenn nun in solcher Welt doch noch einmal durch Zufall 2 Menschen aufeinander treffen – das alte Rousseausche Problem, dessen Sie sich gewiß noch aus der Schule erinnern : Was werden sie tun? Einander in die Arme sinken? Einander totschlagen? Oder schweigend aneinander vorbei gehen? – Ich gebe die organische Lösung : zuerst schlagen sie einander aus Versehen beinahe tot; dann sinken sie sich – zumal da verschiedenen Geschlechtern angehörig – in sämtliche Extremitäten; um am Ende doch aneinander vorbei zu gehen : denn sie sind durch ihre vorhergehenden Erlebnisse, durch die jahrzehntelange Isolation und absolute Selbstständigkeit zum Zusammenleben unfähig geworden.

Weiter ist nichts zu schildern; und es ist auch nicht *anders* zu schildern.«

Am 21. Juli 1951 nimmt Ledig-Rowohlt *Schwarze Spiegel* zur Veröffentlichung an und schlägt vor, es zusammen mit *Brand's Haide* zu bringen. Das Buch erscheint im Oktober 1951 unter dem Titel *Brand's Haide. Zwei Erzählungen.* Veröffentlichung

In der Erstausgabe von 1951 sind der Erzählung ein Motto und ein Widmungsgedicht vorangestellt, die in den weiteren Buchausgaben fehlen. Das Motto ist den *Epigrammen* des Martial entnommen und lautet: »Dic mihi : si tu fias leo : qualis eris ?« (»Sage mir, wenn du ein Löwe wärst, wie würdest du sein?«, Martial, *Epigramme*, XII, 92, 4)

Ihm folgt ein langes Widmungsgedicht für Werner Murawski, den Bruder von Alice Schmidt, der mit nur 18 Jahren 1943 an der Ostfront gefallen war:

»Ja : übernächtigt !
Im hohlen Hausmund
hing alles voll grauer Weiber;
renkten an Fensterkreuzen; eine kam mit
über alle Treppen, geschwänzten Ganges.
Weiterarbeiten. Das Dachfenster;
der fahle gefurchte Morgen; nachher die Sonne
strömte aus grauen Wolkenschluchten,
wäßrig durch Bleiernes.
Wissen Sie : dieses Buch ist für
Werner Murawski;
geboren den 29. 11. 1924
in Wiesa bei Greiffenberg am Gebirge;
gefallen am 17. 11. 43 vor Smolensk;
wie unschwer zu errechnen
noch nicht 19 Jahr alt. Und er
der einzige Bruder meiner Frau,

der Letzte,
mit dem zusammen ich jung war : Oh :
auf der Flußscheib entstand
Schwatz und Gelächter; Himmel mit Wolken beschrieben;
zart prahlte Schlagergesang aus dem treibenden Boot.
Heimweg : Senor Abendwind; hinten der spitze Mond,
und wir 3 umeinander : Du ach, Alice und ich –
Siebenundzwanzig wäre er heute. –
Und bereits wieder schwatzt jede Parte
von gemeiner Wehrpflicht : Was ? ! ! – Kammerknechte :
Kobold und Eule :
was krallt ihr die Pocher nicht fort :
Werner schläft.«

Im Juni 1952 beginnt Schmidt mit der Arbeit an der Erzählung *Aus dem Leben eines Fauns*. Vor dem Hintergrund kleinstädtischer Umgebung schildert der Kurzroman aus der Sicht des 50-jährigen Beamten Düring voll beißender Kommentare das Alltagsverhalten des deutschen Kleinbürgertums unter dem Eindruck der Naziherrschaft. Die Arbeit gerät ins Stocken, weil Schmidt der Text den beiden vorangegangenen Erzählungen *Brands Haide* und *Schwarze Spiegel* zu ähnlich erscheint. Nachdem er im Januar 1953 die Niederschrift beendet hat, kommt Schmidt auf die Idee, die drei in sich abgeschlossenen Erzählungen als thematisch und motivisch aufeinander verweisende Stücke einer Trilogie zu betrachten. »Ein Zeitbild ersten Ranges: Hitlerzeit u. Krieg; Nachkriegszeit und Zukunft«, notiert Alice Schmidt am 30. Januar 1953 in ihrem Tagebuch. Der *Faun* erscheint im August 1953 mit der von Arno Schmidt formulierten Notiz auf der Titelrückseite: »Der Kurzroman ‹Aus dem Leben eines Fauns› ist der erste Teil einer Trilogie, deren ergänzende Stücke als ‹Brands Haide› und ‹Schwarze Spiegel› bereits erschienen sind.«

Idee zur Trilogie

Im November 1960 – der *Faun* ist inzwischen vergriffen, von der 2. Auflage von *Brand's Haide* sind nur noch »ein paar Hundert Exemplare lieferbar« – tritt der Rowohlt Verlag mit dem Vorschlag an Schmidt heran, die Trilogie in einer neuen Taschenbuchreihe als Einzelband zusammenzufassen. Im Mai 1963 liegen als Rowohlt Taschenbuch Nr. 23 die drei Erzählungen *Aus dem Leben eines Fauns*, *Brand's Haide* und *Schwarze Spiegel* unter dem von Schmidt gewählten Gesamttitel *Nobodaddy's Kinder* vor. Der Titel spielt an auf ein »To Nobodaddy« überschriebenes Poem William Blakes (1757–1827) und deutet programmatisch auf die Verlorenheit aller Individuen in einer Welt, in deren Vorstellung Gott ein »Niemandsvater« ist.

Mindestens noch zwei Mal hat Schmidt später das Thema der Erzählung aufgegriffen. Im Nachlass hat sich ein Manuskriptblatt aus dem Jahr 1957 erhalten, auf dem Schmidt in wenigen Sätzen das weitere Schicksal der beiden Figuren darstellt:

> »›*Schwarze Spiegel II*‹: er hat jetzt 40 Jahre einsam gelebt und ist 80: da kommt Lisa zurück! Schrecklich, 90jährig, zaundürr. / Sie sitzen ein paar Herbsttage zankend beisammen. / Strenger Winter / Sie besaufen sich, zünden das Haus an; und legen sich – einige 30 Meter weg voneinander in den Schnee: es fängt ganz fein & trocken an zu schneien.«

Auf der Rückseite des mit dem Titel *Schwarze Spiegel II* überschriebenen Blattes hat Schmidt festgehalten: »1. Entwurf: 13.11.1957 abends 18h30«.

Sehr viel später taucht das Thema noch einmal auf – im Zusammenhang seines letzten, nicht mehr fertig gestellten Romans *Julia, oder die Gemälde*, an dem Schmidt seit 1976 gearbeitet hatte. Unter den Zetteln zu dem nicht ausgeführten Bild 16, in dem Gestalten der früheren Bücher Schmidts auftreten sollten, findet sich einer, der u. a. folgende Notiz enthält: »3.) Schwarze Spiegel: 2 80jährige, die noch uff'nander#« – »#« meint dabei die Ausübung von Geschlechtsverkehr.

Im Falle Arno Schmidts und seines Werkes klaffen die Urteile der Rezensenten von Anfang an auseinander – die Dissonanzen klingen besonders schrill. Anlässlich der Veröffentlichung von Schmidts Roman *Das steinerne Herz* (1956) reichte die Erregungsskala von »Gott schütze die deutsche Literatur!« (*Mannheimer Morgen*, 7.12.1956) bis hin zur Feststellung, Arno Schmidt sei »mit Abstand Deutschlands bedeutendster Prosa-Autor der mittleren Generation« (*Konkret*, Februar 1958).

Schriftstellerische Anfänge

Um die Reaktionen auf seine zweite Buchveröffentlichung, die beiden Erzählungen *Brand's Haide* und *Schwarze Spiegel*, einordnen zu können, muss man sich die schriftstellerischen Anfänge Arno Schmidts nach Ende des Zweiten Weltkrieges kurz vergegenwärtigen. Ende 1945 aus britischer Kriegsgefangenschaft entlassen, lebte Arno Schmidt mit seiner Frau Alice in dem niedersächsischen Dorf Cordingen in einem engen möblierten Zimmer, umgeben von 14 weiteren Mietparteien. Beide arbeiteten als Dolmetscher in einer Hilfspolizeischule, die zum Ende des Jahres 1946 aufgelöst wurde; dies führte bei Schmidt zu dem Entschluss, fortan als freier Schriftsteller leben zu wollen. Die Versuche, das Manuskript einer siebenstelligen Logarithmentafel, an der Schmidt seit 1937 gearbeitet hatte, 1948 bei einem Verlag unterzubringen, blieben erfolglos.

Im Jahr 1949 jedoch erschien im Rowohlt Verlag als erste Buchveröffentlichung Schmidts der Band *Leviathan*, der neben der titelgebenden Erzählung *Leviathan oder die beste der Welten* die beiden Erzählungen *Enthymesis* und *Gadir* enthält. Der Band fand einige Resonanz bei der literarischen Kritik, nachdem Alfred Andersch (1914–1980), der als Radioredakteur des Senders Frankfurt arbeitete, seine Rezension in der »Bücherstunde« vom 3.1.1950 mit dem Ausruf überschrieb: »Ein Genie!« Andere Kritiker pflichteten bei, lobten die »künstlerisch überzeugende Einfügung wissenschaftlichen Denkens in die unzerstörte Form der Novelle«, hoben hervor, Schmidts Sprache habe »die Schönheit, Kühle und Schlüssigkeit mathematischer Formeln« (*Welt am Sonntag*, 27.11.1949), und stellten fest, hier schreibe ein junger Autor Sätze, »in denen das kalte Eisen der Reflexion in laue Gefühle und verschwommene Ideologien stößt« (*Darmstädter Echo*, 21.12.1949). Die DDR-Ausgabe der *Berliner Zeitung* vom 29.12.1949 aber schimpfte, Schmidt sei ein »Antihumanist«, »volksfeindlich« und nur eine »geringe literarische Potenz«. In barer Münze zahlten sich für Schmidt weder Begeisterung noch Ablehnung aus, denn bis zum Jahresbeginn 1952 wurden von den 2000 Exemplaren der ersten Auflage des *Leviathan* nur 600 Stück verkauft.

Schmidts waren 1950 nach einem Rechtsstreit in Mietangelegenheiten nach Rheinhessen umgesiedelt und zogen im Jahr darauf nach Kastel bei Saarburg um. Die materielle Armut war groß. Nachdem er durch den Krieg um wichtige Arbeits- und Lebensjahre gebracht worden war, wurden die Hoffnungen Schmidts, sich als Schriftsteller zu etablieren, genährt durch die Verleihung des Großen Literaturpreises der Akademie der Wissenschaften und der Literatur, den er am 14.1.1951 aus der Hand des von ihm verehrten Dichters Alfred Döblin (1878–1957) erhielt und der mit 2000 DM dotiert war.

In diese Zeit also fiel die Veröffentlichung der Erzählung *Schwarze Spiegel*. Die Reaktionen der literarischen Kritik waren nun noch kontroverser:

Kontroverse Kritik

> »Wie Arno Schmidt seinem Erzählstil von eigenen Gnaden, dessen biegsamer Sprachleib sich vom Jargon und der Suada konträrster Welten nährt, ein Kreuzfeuer atomarer Kernladungen abgewinnt, wie er in Hirn und Herz Kettenreaktionen vom Schüttelfrost bis zur Erschütterung auslöst, ist nicht bloß kurios, sondern phänomenal« (*Die Zeit*, 29.11.1951).

H. Kasack

Auch Hermann Kasack (1896–1966) bestätigt: »Arno Schmidt ist der kühnste Pionier der neueren deutschen Epik. Welch eine Dynamik des Worts! Wie faszinierend die Präzision der Aussage und der Rhythmus der Sprache!« Wie ein »poetischer Seismograph« zeichne er »unerbittlich die Erschütterungen der äußeren und inneren Welt« auf:

> »Er gibt einen minutiösen Bericht, der aus Fetzen die Wahrheit der Wirklichkeit zusammensetzt. So wird die Fabel, das Landläufige einer Handlung nicht ausgesponnen, sondern dazu benutzt, das maskenhafte Gesicht unserer Zeit aufzu-

decken. Der Mensch ist nur noch eine Arabeske im Lebensprozeß« (*Neue Literarische Welt*, 10. 1. 1952).

Moderat fällt das Urteil des *Spiegel* aus, der am 6. 2. 1952 ein großes Porträt Schmidts mit dem Titel »Mensch nach der Katastrophe« überschreibt und die ärmlichen Lebensverhältnisse des Autors, der »mit monatlich sicheren 80 DM« in Kastel lebe und aus Geldmangel zu Hause immer noch »seine alte Feldbluse mit Schulterklappen und eine wattierte Tarnhose« trüge, mit dem Schicksal der von ihm geschilderten Helden vergleicht. In dieser Gegenüberstellung von Leben und Werk wird ein typischer Zug der Annäherung an das Werk eines Autors deutlich, der die von ihm entworfenen literarischen Welten mit sehr viel autobiografischem Material unterfüttert, gleichwohl immer auf die Differenz zwischen sich und seinen Helden aufmerksam gemacht hat. Der *Spiegel*-Artikel streicht zudem den »sich abgründig gebärdenden Kulturpessimismus«, die »zynische Lästerlust gegen die Kirchen und alle Religion« heraus, erkennt jedoch in den beiden Erzählungen auch »eine Apotheose der niedersächsischen Landschaft«.

H. E. Holthusen

Hans Egon Holthusen dagegen weist die Werbeformel des Rowohlt Verlages, Schmidt sei »der heutigen deutschen Literatur weit vorangeeilt«, zurück. Vielmehr sei Schmidt »ein Erbe, kein Avantgardist; ein Nachfahre wie fast alle jüngeren Schriftsteller in Deutschland«. Erblasser sei in diesem Falle der irische Schriftsteller James Joyce (1882–1941), dessen formale Eigenheiten in Druckbild und Sprache bei Schmidt wiederzufinden seien. Gleichwohl gelinge es Schmidt nicht, etwa die Technik des so genannten »inneren Monologs«, die Joyces Roman *Ulysses* (1922) so berühmt machen sollte, schöpferisch zu verarbeiten. Schmidt fehle »ein wirkliches ›Thema‹«, über ein »unruhiges impressionistisches Glossieren der eigenen Situation, halb Lyrik mit einem rührenden Schuß naiver Romantik darin, halb ingrimmige Randbemerkung zur bösen Zeit«, komme er nicht hinaus. Die Prosa Schmidts enthalte wenig mehr als »einen abgedroschenen Kulturpessimismus und eine schnoddrig-mondäne Weltuntergangsschwärmerei«, sei »mit Literatur und gebildeter Reminiszenz, mit fremdsprachlichen Zitaten und Redensarten geradezu verseucht«. Holthusen schließt seine Polemik mit einem Aufruf zur Geduld, gehöre Schmidt doch »zu den zahlreichen jungen Autoren, die leidenschaftlich experimentieren und für die Zukunft einiges versprechen« (*Deutsche Zeitung*, 8.12.1951).

An den auseinander klaffenden Bewertungen der literarischen Kritik angesichts der beiden Erzählungen *Brand's Haide* und *Schwarze Spiegel* wird bereits deutlich, was die publizistische Auseinandersetzung mit dem Werk Arno Schmidts lange Zeit auszeichnen sollte. Begeisterung und Ablehnung prallen hier heftig aufeinander. Zudem kreist das literarische Feuilleton schon zu diesem Zeitpunkt um einige wenige Themenkomplexe: Fragen nach dem literaturgeschichtlichen Standort Schmidts verbinden sich mit Bewertungsversuchen seiner eigenwilligen Sprachbehandlung. Außerdem ist man darum bemüht, den politischen Standort eines Autors zu markieren, dessen Radikalität und angeblich monomane Züge man hervorhebt, ohne in jedem Fall der Verlockung wohlfeiler Argumentationsstereotypen widerstehen zu können. In diesem Sinne resümiert der Literaturwissenschaftler Helmut Schmiedt in seinem rezeptionsgeschichtlichen Überblick zu den Werken Schmidts: H. Schmiedt

> »Alles in allem freilich drängt sich der Eindruck auf, seine Rezeptionsgeschichte sei nicht eben ein Ruhmesblatt der neueren Publizistik. Von den schon an der Oberfläche merkwürdig-faszinierenden Zügen seiner Person und seines Werks – die unverkennbar selbst durch jene Kommentare bezeugt werden, die zu abwertenden Urteilen gelangen – hat man sich gar zu häufig und intensiv blenden lassen, und beredt überspielte Ratlosigkeit war dann vielfach das veröffentlichte Ergebnis.« (Schardt/Vollmer 1990, S. 304)

Deutungsansätze

Die Forschung hat sich dem Kurzroman *Schwarze Spiegel* unter verschiedenen Aspekten zugewandt. Die überwiegende Anzahl der Interpretationen hebt dabei einen Dualismus von Wunsch- und Warnvorstellungen hervor, der dem Text seine Grundspannung verleihe. Einerseits entwerfe Schmidt in *Schwarze Spiegel* die Utopie einer in der Kriegskatastrophe endenden vernunftlosen Gesellschaft als Warnmodell, andererseits errichte er die Wunschphantasie eines in freier Natur- und Bücheridylle lebenden unabhängigen Individuums, das die menschheitsvernichtende Kriegskatastrophe als Befreiung und Grundlage einer neuen Existenz begreift.

Wunsch- und Warnvorstellung

Georg Guntermann hebt in seinem Beitrag zu *Schwarze Spiegel* die autobiografischen Züge der in dieser Erzählung geschilderten Realität hervor. Er konstatiert, die Erzähler-Figur sei »autobiographisch gemischt«; dies zeige sich besonders in der Topografie des Textes, deren Ortsnamen und Handlungsraum auch in der Biografie des Autors auszumachen seien. Während die »individuelle Wahrheit des Romans« in seiner Vorgeschichte liege, also auf »Daten der Erinnerung« des Autors zurückgriffe, was den Text zu einer »erinnerten Idylle« mache, entwickle er sich in der Darstellung der Folgen einer atomaren Katastrophe gleichzeitig zur »Vorausschau, und zwar hinsichtlich des ›allgemeinen‹ gesellschaftlichen Gehalts« (Guntermann 1992, S. 68 ff.).

G. Guntermann

Schwarze Spiegel spielt zu Beginn im Jahr 1960, die menschheitsvernichtende Katastrophe liegt fünf Jahre zurück, genauso lange wie die »Schreibgegenwart Schmidts 1950 sich entfernt hat vom Ende des II. Weltkriegs« (ebd., S. 71). Die Ahnung des Autors, dass die Menschheit sich mit ihrem offensichtlichen Verzicht auf den Gebrauch der eigenen Vernunft in naher Zukunft unweigerlich auslöschen würde, musste in der Nachkriegsrealität zu Beginn der 1950er-Jahre durchaus real erscheinen. Im Sommer 1950 brach der Koreakrieg aus, bereits ein Jahr später sprach man in der Bundesrepublik wieder von einem deutschen »Verteidigungsbeitrag«, die Supermächte in Ost und West begannen mit ihrer Blockbildung – der dritte Weltkrieg schien nur eine Frage der Zeit. Schmidts Lebensgefühl in den 1950er-Jahren war geprägt einerseits von dem Gefühl, einen furchtbaren Krieg zwar überlebt, allerdings für die eigene schriftstellerische Entwicklung wichtige Jahre verloren zu haben, und andererseits von der Sorge, das Versäumte nicht mehr einholen zu können angesichts einer neuerlich befürchteten Katastrophe.

Guntermann rechnet Schmidts Kurzroman – »als Anti-Kriegs-Literatur geschrieben« (ebd., S. 73) – zu der nach dem Zweiten Weltkrieg entstehenden Strömung der so genannten engagierten Literatur (littérature engagée), die v. a. von französischen Autoren wie Jean-Paul Sartre (1905–1980) ausgegangen ist. Demnach sei in *Schwarze Spiegel* »reich belegt anzuschauen jener Mechanismus aus Widerspruch, der aller engagierten Literatur eigen ist: Die Angst vor Zerstörung im Realen wird zum leistungsfähigen Motor für (literarische) Konstruktion im Virtuellen« (ebd., S. 76).

Hiltrud Gnüg betont den Zusammenhang von »Waruntopie und Idylle« (Gnüg 1982, S. 283) und betrachtet Schmidts Kurzroman vor der Traditionskulisse literarischer Utopieentwürfe. Sie setzt Schmidts *Schwarze Spiegel* von George Orwells (1903–1950) utopischem Roman *1984* ab. Während Orwell die Welt nach dem dritten Weltkrieg als ein in einem andauernden Kriegszustand befindliches Ozeanien imaginiere, entwerfe Schmidt in seiner frühesten Warnutopie eine Welt nach einem dritten Weltkrieg, in der die Idylle geradezu begünstigt werde (vgl. ebd., S. 280). Gnüg stellt die Frage, ob Schmidt »nicht die Folgen eines atomaren Vernichtungskrieges verharmlost«, um »die Wunschphantasie eines zivilisationsmüden, doch kulturenthusiastischen Intellektuellen« zu entwerfen, der sich »fern jedes Kulturbetriebs, fern der Hektik des industriellen Zeitalters seinen Leseabenteuern hinzugeben vermag« (ebd., S. 281). Warnutopie und Idylle sieht Gnüg in *Schwarze Spiegel* in einem Korrespondenzverhältnis: »Zeigte die erstere das Selbstzerstörerische einer geschichtsblinden, technologischen Vernunft, so bewahrte die letztere den uneingelösten Wunschtraum in sich versöhnter Subjektivität« (ebd., S. 283). H. Gnüg

Diesen Deutungen widerspricht Jörg Drews und liest den Text als »Psychogramm dessen, dem bei der Schilderung des Szenarios J. Drews eines durch Krieg entvölkerten Mitteleuropa eine Phantasie, ein Tagtraum unterläuft« (Drews 1986, S. 19). Drews charakterisiert Schmidts Werk als »Kampfplatz konfligierender Einstellungen«, auf dem »eine Art gutgelaunter Lebenslust, oder doch wenigstens eine Art zähneknirschender Entschlossenheit, sich nicht unterkriegen zu lassen und die Aussichtslosigkeit mit kaltem Spott zu genießen« sich im Widerstreit befände mit einer »finsteren Trauer darüber, daß die Menschheit ist, wie sie ist« (ebd., S. 18). Erst diese Trauer setze einen solchen Erzähler, wie Schmidt ihn entwirft, in die Lage, den Untergang der Menschheit als Glück zu empfinden. Den scheinbar trotzigen Vermerk des Erzählers, »Ich brauchte Niemanden!«, wertet Drews nicht als Zeugnis eines Menschen ohne jeden Trost, sondern als selbstgewisse Äußerung eines Mannes, »der die Aussicht auf eine Entvölkerung Europas durch ABC-Waffen als Bühne dafür benutzt, sich als einen endlich aller mitmenschlichen Behinderungen und Belästigungen ledigen Einzelgänger zu spreizen und zu genießen« (ebd., S. 19). Gleichwohl rechnet Drews die widersprüchlichen Strebungen, »Menschenhaß aus Menschenliebe, Glücksphantasien vom Untergang der Menschheit gerechtfertigt durch deren offenkundiges Schuldigwerden an ihrem eigenen Besten« (ebd.), Schmidt nicht vor, sondern sieht genau in diesem Spannungsverhältnis die Lebendigkeit und emotionale Dynamik seiner frühen Texte. Man könne sich demnach des Eindrucks nicht erwehren, größer als das Interesse an einer Warnutopie sei Schmidts »Lust am Erzählen« gewesen, »Apokalypse hin oder her« (ebd., S. 20). Gerade dort, wo die zunehmende Sorge vor der realen Möglichkeit eines vermeintlich atomar geführten dritten Weltkriegs und der Zerstörung Mitteleuropas oder der ganzen Menschheit die Luft abzuschnüren droht, scheint bei Schmidt die Gefahr zu bestehen, »daß er die Katastrophe zwar voraussetzt, dann aber einen solchen Spaß an der Schilderung dessen findet, was danach und trotzdem geschieht, daß die historische Katastrophe ein purer Schemen im Hintergrund wird« (ebd.).

H. Vollmer Hartmut Vollmer rekonstruiert *Schwarze Spiegel* als Wunschphantasie, legt minutiös die »beständigen Bekundungen glückseliger Einsamkeit« (Vollmer 1988, S. 64) frei und verankert diese Deutung in einer poetologisch-philosophischen Perspektive. Die

»Glorifizierung des Einzelnen«, die sich hier zeige, sei für Schmidt »unabdingbare Voraussetzung des Künstlertums« (ebd., S. 65). Ganz in der Tradition des Genie-Kults, wie er seine Ausprägung vor allem im Sturm und Drang und in der Romantik gefunden habe, sei der Dichter nicht mehr Nachahmer einer von ihm vorgefundenen Wirklichkeit, sondern erschaffe seine eigene dichterische Welt. »Das autonome künstlerische Ich bricht mit dem mimetischen Prinzip, es kehrt sich ab vom ästhetischen Gesetz der Naturnachahmung, um *seine* erfühlte und erschaute Wirklichkeit zu gestalten« (ebd.). Die Kehrseite dieser Verherrlichung der Subjektivität, aus der die literarische Phantasie einer menschenleeren Welt entbunden wird, besteht für Vollmer in der Absonderung des Künstlers, dem mit seinem erkenntnisfördernden Distanzgewinn gleichzeitig die Welt abhanden zu kommen droht. Gleichwohl artikuliere sich im Frohlocken des Helden über die Vernichtung der Menschheit keineswegs nur eine reine Misanthropie und eine »Lust am Untergang«; vielmehr seien die tieferen Motive für die Zeichnung einer menschenleeren Welt »wohl im Menschheitsideal Arno Schmidts zu suchen« (ebd., S. 67). Entsprechend formuliert Vollmer angesichts des Widerstreits von Warnutopie und Bücher-Idyll eine Position, die zwischen den Polen vermittelt: »Bei aller gewünschten Menschenauslöschung, bei aller Propagierung des menschlichen Untergangs geht es Schmidt letztlich immer um den Menschen, um die Bewahrung und Konkretisierung des humanistischen Ideals: des in freier Selbstbestimmung lebenden, kulturschaffenden und -verstehenden Menschen« (ebd.).

Axel Dunker analysiert *Schwarze Spiegel* als Idylle im gattungstheoretischen Sinn des Begriffs. Im Spiegel der literarischen Tradition der Idylle, die in der deutschsprachigen Literatur im 18. Jahrhundert ihre Blütezeit hatte, arbeitet er strukturelle Ähnlichkeiten und Abweichungen heraus. Dunker vergleicht Schmidts Kurzroman mit der Prosa-Idylle *Der Wunsch* (1756) von Salomon Geßner (1730–1788), einem der bekanntesten Vertreter dieser Dichtungstradition (vgl. Dunker 2003, S. 102 ff.). Wie bei Geßner fänden sich auch in Schmidts Erzählung zahlreiche Ingredienzien, die sie als Idylle kennzeichnen: Das Haus inmitten einer natürlichen Einfriedung, verschiedene A. Dunker

Embleme der Herrschaftslosigkeit, das eher spielerisch-zurückhaltende Verhältnis zu jeder Form von Landarbeit (vgl. ebd., S. 103).

Geßners und Schmidts Protagonisten verbinde eine »ästhetische Opposition gegen die restliche Gesellschaft« (ebd., S. 104). Dunker resümiert: »Die Erzählung *Schwarze Spiegel* jedenfalls ist mehr als nur eine ›gestörte Idylle‹, sie restituiert in gewisser Weise das alte arkadische Konzept, weil dieses die Möglichkeit eröffnet, aus dem Weltprozeß imaginativ auszusteigen, einen Raum der Fantasie zu konstruieren, der gegen die katastrophische Weltgeschichte nicht abgedichtet ist, sondern sie einfach umdeutet, sie zur Voraussetzung des imaginierten und dann doch wieder zeitlich befristeten Glücks macht« (ebd., S. 111). Der besondere Kunstgriff, den Schmidt dabei vollzieht, besteht darin, das Schreckliche – die menschenentleerte Welt – zum Schönen, zum Ort der Idylle auszurufen. Gerade hier offenbare sich, so Dunker, das kritische Potential von Schmidts Formvariante der Idylle, die gleichwohl nicht lebbar sei, sondern sich nur als literarische Imagination gestalten ließe (vgl. ebd., S. 113).

Robinsonade

Einige komparatistisch ausgerichtete Forschungsbeiträge charakterisieren *Schwarze Spiegel* als Robinsonade und stellen den in die zivilisationsferne Natur geworfenen Helden in eine literarische Traditionsreihe, die mit Daniel Defoes (1660–1731) *Robinson Crusoe* (1719) ihren Ausgang genommen hat. Götz Müller benennt als strukturellen Kern der Robinsonade die »Vertiefung in die Bedeutsamkeit einfacher Dinge« (Müller 1986, S. 71). Mit Blick auf den Robinson-Roman Defoes, auf Jean-Jacques Rousseaus (1712–1778) *Émile oder Über die Erziehung* (1762) und Johann Karl Wezels (1747–1819) *Robinson Krusoe* (1779) benennt er auch bei Schmidt die »Nichtexistenz staatlich-zivilisatorischer Strukturen« und die in ihr zum Ausdruck kommende »Substantialität einfacher Verrichtungen« als Grundbedingung der Robinsonade (ebd., S. 72).

B. Hinrichs

Boy Hinrichs macht v. a. auf die Differenzen zwischen Schmidt und Defoe aufmerksam:

> »Im *Robinson Crusoe*, dem Paradigma der Robinsonade, ist das Verhältnis des Robinson zu seiner Welt, die – der sich renaturierenden Welt in *Schwarze Spiegel* ähnlich – ursprüng-

liche Natur ist, durch Ausbeutung gekennzeichnet; in *Schwarze Spiegel* dagegen fügt sich das Ich in Gegebenheiten der wiederentstehenden Natur ein. [...] Im *Robinson Crusoe* setzen sich die Verhaltensnormen der objektiven in der subjektiven Realität fort. Die subjektive bezieht sich auf eine intakte objektive Realität, deren konstitutive Momente nicht in Frage gestellt werden. [...] Dagegen ist die Welt von *Schwarze Spiegel* geradezu eine Konkretion der katastrophalen Tendenzen der objektiven Realität« (Hinrichs 1986, S. 220).

Götz Müller zieht mit George R. Stewarts utopischem Roman *Earth Abides* (1949, dt. 1952 u.d.T. *Leben ohne Ende*) einen weiteren Text zum Vergleich heran, der in seinem Handlungsverlauf verblüffende Ähnlichkeiten mit *Schwarze Spiegel* aufweist. Stewart erzählt die Geschichte eines Geologen, der als letzter Überlebender einer verheerenden Seuche durch San Francisco streift und in leerstehende Häuser mit Hilfe eines Hammers eindringt – auch in die Räume der Universitätsbibliothek –, bis er in einem einsamen Haus auf eine Frau trifft. Müller spricht von Stewarts Roman als einem Klassiker der post-desaster-Robinsonade (Müller 1986, S. 73). G. Müller

Michael Müllers Interesse gilt eher literaturtheoretischen Fragestellungen. Er unternimmt in seiner Monografie den Versuch, am Beispiel der *Nobodaddy's-Kinder*-Trilogie die Funktionen der Textreferenz zu bestimmen, also der über die Texte Schmidts verstreuten zahlreichen Bezüge und Anspielungen auf andere Texte. Müller versucht zu zeigen, dass ganz bestimmten Bezugstexten die Rolle zuwächst, die topografischen Räume, in denen die Erzählung spielt, zu semantisieren, also mit einer bestimmten Bedeutung zu versehen. So würden in *Schwarze Spiegel* zwei Klassen von topografischen Räumen aufgebaut: ein zentraler Raum, in dem sich der Erzähler während der erzählten Zeit aufhalte, und ein Raum ›Europa‹, durch den sich die Figuren bewegten. Eine weitere wichtige Funktion der im Text präsenten Bezugstexte sei auch die »Konstruktion historischer Modelle« (Müller 1989, S. 89). Für den Komplex der Geschichte in *Schwarze Spiegel* hebt Müller als besonders relevant den Brief des Erzählers an George R. Stewart hervor, in dem in Auseinandersetzung mit dessen Aufsatz »Man. An Autobiography« eine M. Müller

Diskussion zweier Geschichtsmodelle stattfände (ebd., S. 82 ff.). Müller zeigt, wie der Erzähler die Konzeption einer »Kulturgeschichte« entwerfe und von einer »Zivilisationsgeschichte« Stewarts abgrenze (ebd., S. 84). So konstruiere der »letzte Mensch« in der Referenz auf eine Beschreibung der Menschheitsgeschichte ein zu dieser alternatives, mit »Kultur« korreliertes Modell von Geschichte (ebd., S. 87), das Müller als ein Modell vom »Ende der Menschheitsgeschichte« bezeichnet (ebd., S. 82).

Sprache und Expressionismus

Die Deutungsansätze, die sich Schmidts Kurzroman über seine Sprache nähern, betonen vor allem dessen Nähe zur Dichtung des Expressionismus. Mehrfach spielt der Erzähler direkt an auf Lyriker des Expressionismus wie August Stramm (1874–1915) oder Albert Ehrenstein (1886–1950). Kennzeichen expressionistischer Dichtung, die vor und während des Ersten Weltkrieges im deutschsprachigen Raum ihre Blütezeit hatte und sowohl das Heraufdämmern des Krieges als auch sein furchtbares Erlebnis thematisierte, war in erster Linie der Bruch mit überkommenen sprachlichen und grammatikalischen Traditionen. Die Bedeutung expressionistischer Stilmittel, zu denen eine Verknappung der Sprache, Wortballungen, Worthäufungen, weggelassene Artikel, Füllwörter und Präpositionen ebenso gehören wie gewagte Wortbilder zur Darstellung von Abstraktem, kühne Wortschöpfungen, die aus Substantiven Adjektive machen und umgekehrt, und eine Verdichtung der Symbolik sowie die schonungslose Darstellung des Hässlichen, kann für die Ausbildung von Arno Schmidts dichterischer Sprache kaum überschätzt werden.

Die zugespitzte Subjektivität, von der die Erzählung Schmidts getragen ist, artikuliert sich in der Darstellungskraft und eigenwilligen Sprachmacht eines Protagonisten, der die ihn umgebende postinfernalische Welt als beobachtendes und notierendes Erzähler-Ich nicht nur abschreibt, sondern sie kraft seiner Phantasie umformt, in einer gleichsam neuen Sprache entstehen lässt. Wie sehr dieser subjektive Zugriff die Erzählsprache prägen muss, darauf verweist Hartmut Vollmer nachdrücklich. Die Sprache löse sich aus dem traditionellen Beziehungsgeflecht des Bezeichnens und Bezeichneten, in dem schließlich allem eine feststehende Bedeutung zugewiesen wird: »Die aufgelöste, destruierte Welt, ihr Ordnungsverlust kann adäquat nur durch die Auflösung überholter Sprachmuster und -gesetze erfaßt werden« (Vollmer 1988, S. 62).

Wie Volker Wehdeking am Beispiel von *Schwarze Spiegel* zeigt, ist die Metaphorik der Erzählung v.a. an der Lyrik August Stramms geschult; bis in die Mikrostruktur hinein offenbare sich »die existentielle Spannung in seiner lyrischen Prosa: Verbmetaphern (Stramm: ›Lichte dirnen aus dem Fenster‹) verfremden und dynamisieren zugleich den Bezug von erzählendem Subjekt und Welt, Adjektivmetaphern (›lächelnde Sterne‹) anthropomorphisieren [vermenschlichen, O. J.] die noch eben verfremdete Welt wieder zur romantischen Naturvertrautheit« (Wehdeking 1990, S. 145 f.). V. Wehdeking

Auch Jörg Drews verweist mit Blick auf die außerordentlich bildreich gestaltete Fliegerangriff-Szene in *Aus dem Leben eines Fauns*, dem zweiten Stück der Nobodaddy-Trilogie, auf die herausragende Bedeutung expressionistischer Dichtung für das erzählerische Frühwerk Schmidts – eine Einschätzung, die man sicherlich auch für die Schilderung der postapokalyptischen Welt in *Schwarze Spiegel* geltend machen darf: J. Drews

> »Schmidts Ehrgeiz war es wohl, analog zu den Bemühungen August Stramms und Otto Nebels, auch Albert Ehrensteins, eine dem Geschehen des Ersten Weltkriegs adäquat revolutionäre Sprache zu finden, dies ein weiteres Mal, fast 35 Jahre nach dem Expressionismus, zu versuchen; er riskierte es, die expressiven – historisch gesprochen: die expressionistischen – Qualitäten der deutschen Sprache zu retten, sie wieder und nochmals einzusetzen, um zu sehen, ob sie auch für den Zweiten Weltkrieg noch taugten« (Drews 1986, S. 28).

Nicola Eisenschink beschreibt die Werksprache von *Schwarze Spiegel* im Licht der von Schmidt in den *Berechnungen I* und *II* entwickelten Konzeptionen des ›Längeren Gedankenspiels‹ und der ›Löchrigen Gegenwart‹, deren Kerngedanken nach die subjektiven Eindrücke und Erinnerungen der Erzähler-Figur in den Vordergrund treten. Die Sprache von *Schwarze Spiegel* sei eine »reduzierte, verkürzte«, die sich »oft in unvollständigen Satzkonstruktionen und mit mehreren Bedeutungen belegten Wortzusammensetzungen oder Neologismen« äußere (Eisenschink N. Eisenschink

1988, S. 178). Sie zeichne sich aus durch ein Spiel mit Mehrfachbedeutungen, die den oft klischeehaften Gebrauch vieler Wörter und Wendungen aufdecke, distanziere sich immer wieder von gültigen Sprachnormen und stelle so den »mechanisierten Sprachgebrauch« in Frage (ebd., S. 179).

Der experimentelle Umgang Schmidts mit den überkommenen Formen und die daraus hervorgehenden erzählerischen Innovationen, die seine Prosa prägen, erschöpfen sich aber nicht im Anschluss an das revolutionäre Potential expressionistischer Stilmittel. In seinen *Berechnungen I-III* (entstanden 1953–1956) entwickelt Schmidt die Prosatheorie eines Zeitbewusstseins der ›Löchrigen Gegenwart‹ und der tagträumerischen Diskontinuität, deren Umsetzung in Prosatexte zwischen Roman, längerer Erzählung und Tagebuch vielfach als Prosa der erzählten Fragmentarik beschrieben worden ist. Seine experimentelle Poetik des ›Längeren Gedankenspiels‹ vertritt eine Mischung aus der Wiedergabe empirischer Realität (auf der von ihm so genannten ›Ebene I‹ durch einen möglichst hohen Grad von Nachbildung der Realität) und aus utopischen Elementen (›Ebene II‹) durch eingeschobene kühne Phantasien. In *Berechnungen I* spricht Schmidt von »Wassersturz« statt »epischem Fluß«, von »löchriger Gegenwart«, »Perlenkette kleiner Erlebniseinheiten«, »Traum« und »Längerem Gedankenspiel«, um eine fast grafische Darstellung intellektueller Vorgänge zu erreichen, seinen »subjektiven Versuchen einer konformen Abbildung von Gehirnvorgängen durch besondere Anordnung von Prosaelementen« (BA III/3, S. 164).

Schmidts Prosatheorie

H. Schwier

Heinrich Schwier deutet mit Blick auf die mehrfach angespielte »Hochwald«-Erzählung Adalbert Stifters (1805–1868) die Schwarzen Spiegel auch als »eine Art Eingang in die Unterwelt, mit Leichenhaufen, Totenstadt und vielfältigen Anspielungen zum Beispiel auf den Hades und den Mythos von Orpheus in der Unterwelt« (Schwier 2005, S. 30). Als Bericht aus der Unterwelt verstanden, verwiese der Roman nicht zuletzt durch seine ausgeklügelte Licht- und Schattenmetaphorik auf das berühmte Höhlengleichnis von Platon (vgl. ebd., S. 33). In dieser philosophiegeschichtlich bedeutsamen Passage – sie entstammt seiner staatsphilosophischen Hauptschrift *Politeia* – entwickelt Platon im Spiel mit der Bildwelt von Hell und Dunkel gleichnishaft den Weg des für die Ausbildung eines Staatenlenkers notwendigen Aufstiegs von den minderen Erkenntnisstufen hin zu der normsetzenden höchsten Erkenntnis. Schwier markiert hier einen wichtigen Knotenpunkt der Erzählung Schmidts, in dem Platons Metaphysik wie auch Jules Vernes Roman *Reise zum Mittelpunkt der Erde* und die Anspielungen auf den Orpheus-Mythos zusammenlaufen.

Literaturhinweise

Primärliteratur

Werkausgaben

Bargfelder Ausgabe. Werkgruppe I in 4 Bänden: Romane, Erzählungen, Gedichte, Juvenilia. Zürich 1986–88. Werkgruppe II in 3 Bänden: Dialoge. Zürich 1990–91. Werkgruppe III in 4 Bänden: Essays und Biografisches. Zürich 1993–95. Werkgruppe IV in 4 Bänden: Das Spätwerk. Zürich 1992 ff. (Zit. als BA, mit Angabe der Werkgruppe in römischen, der Bandnummer und Seitenzahl in arabischen Ziffern.)

Schmidt, Arno: *Schwarze Spiegel II*, erstmals in: Schmidt, Arno: *Fragmente. Prosa, Dialoge, Essays, Autobiografisches*. Bargfelder Ausgabe, Supplemente Band 1, Frankfurt/M. 2003

Einzelausgaben

Schmidt, Arno: *Brand's Haide*, Hamburg 1951

–: *Nobodaddy's Kinder*, Reinbek bei Hamburg 1963 (Nachdruck)

–: *Leviathan und Schwarze Spiegel*, Frankfurt/M. 1974 (Taschenbuch-Nachdruck)

Übersetzungen

Schmidt, Arno: *Miroirs noirs*. Ü.: Claude Rhiel, Christian Bourgois éditeur 1994

–: *Zwarte spiegels*. Ü.: Jan H. Mysjkin, Uitgeverij Perdu 2000

–: *Espejos negros*. Ü.: Florian von Hoyer u. Guillermo Piro, Minotauro 2001

Dramatisierungen

Schmidt, Arno: *Miroirs noirs*, MC 93 Bobigny, Paris, Regie: Patrick Sommier. Premiere: 16. 3. 1999

–: *Schwarze Spiegel*, Schauspielhaus Hannover, Regie: Christian Pade. Premiere: 15. 1. 2004

Hörspielbearbeitungen

Schmidt, Arno: *Nobodaddy's Kinder*, Hörspielbearbeitung v. Klaus Buhlert u. Herbert Kapfer, Produktion: Bayerischer Rundfunk, München 1999

Künstlerische Bearbeitungen

Schwarze Spiegel / Zehn Ver=Ätzungen von Eberhard Schlotter zu einer Erzählung von Arno Schmidt, Hofheim im Taunus 1984

Sekundärliteratur

Bibliografien, Periodika, Hilfsmittel

Bargfelder Bote. Materialien zum Werk Arno Schmidts, hg. v. Jörg Drews, 1972 ff.
Bock, Hans Michael: *Bibliographie Arno Schmidt 1949–1978*, 2. verb. u. erg. Aufl. München 1979
Gätjens, Dieter: *Die Bibliothek Arno Schmidts. Ein kommentiertes Verzeichnis seiner Bücher*, Zürich 1991
Müther, Karl Heinz: *Bibliographie Arno Schmidt 1949–1991*, Bielefeld 1992 ff.
Zettelkasten. Aufsätze und Arbeiten zum Werk Arno Schmidts, Frankfurt am Main 1984 ff.

Gesamtdarstellungen

Ahrendt, Peter: *Der Büchermensch. Wesen, Werk und Wirkung Arno Schmidts. Eine umfassende Einführung*, Paderborn 1995
Albrecht, Wolfgang: *Arno Schmidt*, Stuttgart 1998
Fränzel, Marius: *»Dies wundersame Gemisch« Eine Einführung in das erzählerische Werk Arno Schmidts*, Kiel 2002
Martynkewicz, Wolfgang: *Arno Schmidt mit Selbstzeugnissen und Bilddokumenten dargestellt*, Reinbek bei Hamburg 1992
Pausch, Holger: *Arno Schmidt*, Berlin 1992
Proß, Wolfgang: *Arno Schmidt*, München 1980

Sammelbände

Schardt, Michael Matthias (Hg.): *Arno Schmidt. Das Frühwerk II. Romane. Interpretationen von ›Brand's Haide‹ bis ›Gelehrtenrepublik‹*, Aachen 1988
Schardt, Michael Matthias/Vollmer, Hartmut (Hg.): *Arno Schmidt. Leben – Werk – Wirkung*, Reinbek bei Hamburg 1990

Rezeptionsgeschichte

Bock, Hans-Michael (Hg.): *Über Arno Schmidt. Rezensionen vom »Leviathan« bis zur »Julia«*, Zürich 1984
Hans-Michael Bock/Schreiber, Thomas (Hg.): *Über Arno Schmidt II. Gesammelte Gesamtdarstellungen*, Zürich 1987

Schmiedt, Helmut: »Das Werk Arno Schmidts im Spiegel der Kritik«. In: Schardt, Michael Matthias/Vollmer, Hartmut (Hg.): *Arno Schmidt. Leben – Werk – Wirkung*, Reinbek bei Hamburg 1990, S. 297 ff.

Schwarze Spiegel

Albrecht, Wolfgang: »Angenähert, anempfohlen, anverwandelt. Wieland in Arno Schmidts Frühwerk (bis ›Schwarze Spiegel‹)«. In: *Wieland Studien II*, 1994, S. 194 ff.

Dunker, Axel: »Im Wacholderring oder Der nächste Fußpfad in Richtung Arkadien. Arno Schmidts Erzählung Schwarze Spiegel als Idylle«. In: Weninger, Robert (Hg.): *Wiederholte Spiegelungen. Elf Aufsätze zum Werk Arno Schmidts*, München 2003, S. 99 ff.

Eisenschink, Nicola: »Ver-Schmidt-ste Worte. Überlegungen zum Sprachgebrauch in den ›Schwarzen Spiegeln‹ und der ›Gelehrtenrepublik‹«. In: *Zettelkasten 6*, 1988, S. 172 ff.

Gnüg, Hiltrud: »Warnutopie und Idylle in den Fünfziger Jahren. Am Beispiel Arno Schmidts«. In: Gnüg, Hiltrud (Hg.): *Literarische Utopie-Entwürfe*, Frankfurt am Main 1982, S. 277 ff.

Guntermann, Georg: »Der Rückzug als Kritik. ›Schwarze Spiegel‹ als literarisches Zeitdokument«. In: *Zettelkasten 11*, 1992, S. 61 ff.

Hinrichs, Boy: *Utopische Prosa als längeres Gedankenspiel. Untersuchungen zu Arno Schmidts Theorie der Modernen Literatur und ihrer Konkretisierung in ›Schwarze Spiegel‹, ›Die Gelehrtenrepublik‹ und ›Kaff auch Mare Crisium‹*, Tübingen 1986

Jürgens, Kai U.: *Ni Dieu, ni Maîtresse. Exil und Erotik in Arno Schmidts ›Nobodaddy's Kinder‹*, Kiel 2000

Malchow, Barbara: *»Schärfste Wortkonzentrate«. Untersuchungen zum Sprachstil Arno Schmidts*, München 1980

Manthey, Jürgen: *Die Unsterblichkeit Achills. Vom Ursprung des Erzählens*, München 1997, S. 401 ff.

Meyer, Udo: Arno Schmidt – ›Nobodaddy's Kinder‹. Studien zur Erzähltechnik, Münster 1989

Müller, Götz: »Utopie und Robinsonade bei Arno Schmidt«. In: *Text+Kritik. Zeitschrift für Literatur*, hg. v. Heinz Ludwig Arnold, *Heft 20/20a. Arno Schmidt*, München [4]1986, S. 71 ff.

Müller, Michael: *Erotik und Solitäre Existenz. Funktionen der Textreferenz in Arno Schmidts Trilogie ›Nobodaddy's Kinder‹*, München 1989

Rathjen, Friedhelm: »Utys in der Post. Arno Schmidts Lebens- und Lesetext in einer Passage von ›Schwarze Spiegel‹«. In: *Bargfelder Bote* Lfg. 170/171 (1992), S. 3 ff.

–: »Schwarze Spiegel oder Leben in den Wäldern. Henry David Thoreau und Arno Schmidt«. In: Zk 19 (2000), S. 131 ff.

Schillow, Christiane: »Die ›Inseln‹ seiner Sehnsucht. Variationen des Insel-Motivs bei Arno Schmidt am Beispiel von ›Schwarze Spiegel‹«. In: *Bargfelder Bote*, Lfg. 116–118 (1987), S. 22 ff.

Schwier, Heinrich: »Der 9te Nußknacker, oder: Ästhetica in nuce. Bruchstücke zu einer Poetik in Arno Schmidts Romanen ›Brand's Haide‹ und ›Schwarze Spiegel‹«. In: Zk 18 (1999), S. 7 ff.

–: »Toten-Stätte«, In: Zk 19 (2000), S. 185 ff.

– (Hg.): *Niemand. Ein kommentierendes Handbuch zu Arno Schmidts »Schwarze Spiegel«*, München 2006 (angekündigt)

Tölke, Hans F.: »Fermat in ›Schwarze Spiegel‹«. In: BB Lfg. 219–221 (1997), S. 20 ff.

–: »Aus gegebenem Anlaß«. In: BB Lfg. 222–224 (1998), S. 36 ff.

Vollmer, Hartmut: »Das vertriebene und flüchtende Ich. Zu den Protagonisten im Frühwerk Arno Schmidts«. In: Schardt, Michael Matthias/Vollmer, Hartmut (Hg.): *Arno Schmidt. Leben – Werk – Wirkung*. Reinbek bei Hamburg 1990, S. 89 ff.

–: »Glückseligkeiten letzter Menschen. Arno Schmidts ›Schwarze Spiegel‹«. In: Schardt, Michael Matthias (Hg.): Bd. II, S. 55 ff.

Wehdeking, Volker: *Erzählliteratur der frühen Nachkriegszeit: (1945–1952)*, München 1990, S. 140 ff.

Wollschläger, Hans: »Die Insel und einige andere Metaphern für Arno Schmidt.« Rede zur Verleihung des Arno Schmidt Preises am 18. Januar 1982 in Bargfeld. Bargfeld 1982, S. 19 ff.

Wort- und Sacherläuterungen

9.1 **Dic mihi [...] qualis eris?**: (lat.) »Sage mir, wenn du ein Löwe wärst, wie würdest du sein?« (Martial, *Epigramme*, XII, 92, 4)

9.4–5 ***Lichter?* (ich hob [...] den fünf Jahren).**: Schmidt benutzt eine Technik, in der der Erzählzusammenhang in kurze, einzeilige bis eine Seite lange, am Satzbeginn kursiv markierte Raster aufgesplittert wird, die eine Serie von Momentaufnahmen des Geschehens und Erzählerbewusstseins ergeben.

9.12–16 ***Des Menschen Leben* [...] bloß dreimal Inflation.**: Verbitterte Umdeutung des bibl. Psalms 90,10: »Unser Leben währet siebenzig Jahre, und wenn es hoch kommt, sind es achtzig Jahre, und wenn es köstlich gewesen ist, so ist es Mühe und Arbeit gewesen.«

9.24–25 **Kreatorium**: Begriff für die Schöpfung, den der Erzähler aus den Worten Kreatur und Krematorium (Verbrennungsofen) zusammensetzt.

9.32 **Holzindustrie Cordingen**: Furnier- und Sperrholzfabrik in dem niedersächs. Dorf Cordingen, Schließung 1965. Das Ehepaar Schmidt war in Cordingen von Ende 1945 bis 1950 in einer Mühle zusammen mit 14 anderen Mietparteien untergebracht.

10.2–6 **ach so: ein T.P. [...] noch vorhanden seien**: Abk. für die in der Geodäsie (Landvermessung) wichtige Größe der Trigonometrischen Punkte: über das Landesgebiet verteilte Festpunkte, die die Grundlage für alle Vermessungen bilden. Alle Registrierungen und Darstellungen von Erscheinungen der Erdoberfläche werden in Beziehung zu diesen Festpunkten gebracht, die die Basis für alle ordnenden und gestaltenden Tätigkeiten an Grund und Boden bilden. Die Festpunkte werden in verschiedenen Festpunktfeldern im Rahmen einheitlicher Bezugssysteme bestimmt und dokumentiert. Nachgewiesen werden Lagekoordinaten (trigonometrische Punkte), aber auch Höhenwerte meist auf Blättern der Topographischen Karte 1:25000. Schmidt benutzte solche topografischen Karten regelmäßig sowohl im Alltag als auch für die Landschaftsbeschreibungen in seinem Werk, um genaue Auskunft über die Lage eines Punktes zu seiner Umgebung geben zu können.

cherchez les constables: »Suchen Sie die Offiziere« (franz.); Abwandlung von »Cherchez la femme« (»Suchen Sie die Frau«), woraus die Auffassung spricht, hinter einem scheinbar unerklärlichen gesellschaftl. Phänomen stünde das heimliche Wirken einer Frau. Der Erzähler drückt hier sein Misstrauen ggb. Beamten, Offizieren und vermeintlichen Autoritäten aus. 10.14

capita aut navim: lat. »Köpfe oder Schiff«, d.i. »Kopf oder Zahl«. Auf röm. Münzen war auf der einen Seite der doppelgesichtige Gott Janus, auf der anderen die Ansicht eines mit einem eisernen Rammschnabel ausgestatteten Kriegsschiffs abgebildet. Röm. Kinder warfen im Spiel die Münze zu diesem Ausspruch. 10.16

Der Penny fiel: Der Erzähler wirft eine engl. Penny-Münze, um sich für einen Weg zu entscheiden. 10.16

Edvard the Seventh, fidei defensor: Edward VII. (1841–1910), ältester Sohn von Viktoria I. von Großbritannien, regierte von 1901 bis 1910. Der Titel »Fidei Defensor« (»Verteidiger des Glaubens«, lat.) wurde Heinrich VIII. 1521 von Papst Leo X. verliehen und kommt seit einem Parlamentsbeschluss von 1554 allen brit. Monarchen zu. 10.16–17

Tommy-Brücke: Ugs. wurden die brit. Soldaten im Zweiten Weltkrieg Tommies genannt. 10.21

si quis, tota [...] vesperam: satis est: »Wenn einer, der den ganzen Tag gelaufen, am Abend ankommt, so ist's genug« (lat.); Zitat aus *De vera sapientia* (dt. *Über die wahre Weisheit*, ≈1350) des ital. Dichters Francesco Petrarca (1304–1374). 10.26–27

flash and report: Abschuss und Mündungsfeuer eines Gewehrs (engl.); hier ist das Getöse gemeint, als der Erzähler das Schloss aufschießt. 10.31–32

Tode Siegfried: Siegfried ist der Held des Nibelungenliedes (≈1200). Er galt nach einem Bad im Blut eines von ihm erlegten Drachen als unverwundbar. Ein Lindenblatt hatte sich jedoch zwischen seine Schulterblätter gelegt und ihn an dieser Stelle verwundbar gemacht. Der Sage nach wurde Siegfried von seinem Blutsbruder, König Gunther, an Hagen von Tronje verraten und von diesem hinterrücks ermordet. 11.2–3

acherontisches Geschwirre, no [...] Kohle herleiern können: Der Acheron (Fluss des Leidens) war ein Fluss im NW Griechenlands. Der Erzähler verweist auf das Spiel und Ge- 11.33–35 räusch der Wellen. In der griech. Mythologie ist der Acheron der Fluss der Unterwelt, auf dem Charon mit seiner Fähre die toten Seelen in den Hades bringt. Der Erzähler spielt auf die griech. Sage des Orpheus an, von der Ovid in seinen *Metamorphosen* (≈1 n. Chr.) erzählt: Orpheus bekam von seinem Vater Apollon, dem Gott der Musik, eine Lyra (Leier) geschenkt und galt unter den Sängern als der beste. Die Anspielung auf Orpheus und die Unterwelt bildet den Auftakt zu einer ganzen Reihe von Anspielungen auf das Totenreich, die den gesamten Text von *Schwarze Spiegel* durchziehen.

12.7 **Leviathan**: In der Mythologie des AT ist der Leviathan ein im Meer lebendes Schlangenmonster. Die Vorstellung wurzelt im altoriental. Mythos vom siebenköpfigen Leviathan, den Baal und Anath besiegen. Entsprechend berichtet das AT von dem durch Gott geköpften Leviathan (Psalm 74,14), beschreibt ihn aber auch als schlafenden Drachen, der als Instrument des Bösen geweckt werden könne (Hiob 3,8). Nach der Charakterisierung im Buch Hiob (40,25–26 zusammen mit Behemot) trägt der Leviathan als Mischwesen eher die Züge eines Krokodils. Der Prophet Jesaja verkündet den endzeitlichen Sieg Gottes über das Ungeheuer (Jes 27,1). In der Vorstellung einer Welt, in der an die zentrale Stelle Gottes sinnbildhaft das Ungeheuer Leviathan rückt, laufen bei Arno Schmidt biografische Momente und philosophische Überlegungen zusammen und grundieren ein zutiefst negatives Weltbild, über das er in seiner Erzählung *Leviathan oder die beste der Welten* (1949) seine Figuren debattieren lässt.

12.13 **Den fliegenden Holländer**: *Der fliegende Holländer*, romant. Oper in 3 Aufzügen von Richard Wagner (1813–1883), UA 1843 in Dresden.

12.13 **Odysseus**: Held der griech. Mythologie, von dessen Taten im Trojanischen Krieg Homer in der *Ilias* berichtet und dessen Reisen und Irrfahrten er in der *Odyssee* schildert.

12.22–23 **die Geoidoberfläche; interessant.**: Schmidt, der sich zeitlebens sehr intensiv mit verschiedenen Problemen der Mathematik beschäftigt hat, spielt hier auf die Geschichte und Praxis der so genannten Geodäsie, der Ausmessung und Abbildung der Erdoberfläche, an. Fast alle von Schmidts Hauptfiguren besitzen über ihre geisteswissenschaftliche Bildung hinaus mathematisches Spezialwissen. Manche von ihnen beschäftigen sich auch mit Fragen der Geodäsie oder sind sogar selbst Landvermesser, wie etwa der Vermessungsrat a. D. Stürenburg aus dem nach ihm benannten Geschichtenzyklus der fünfziger Jahre. Welchen Einfluss mathematisches Denken auf Arno Schmidts Dichtungsverständnis gehabt hat, zeigt deutlich die Terminologie seiner *Berechnungen I* (1955), der ersten seiner beiden poetologischen Hauptschriften aus dieser Zeit. Orientiert am Exaktheitsideal von Mathematik und Naturwissenschaften, begreift Schmidt zu diesem Zeitpunkt – auch rückschauend – seine literarischen Arbeiten als »Versuchsreihen« und »Experimente« auf dem Weg, neue Darstellungsmittel zu finden.

Satanstoe: 1845 erschienener Roman des US-amerik. Schriftstellers James Fenimore Cooper (1789–1851). Berühmt wurde er v. a. durch die fünf Romane seiner Lederstrumpf-Serie (1823–41). Schmidt hat vier Romane Coopers ins Deutsche übersetzt: *Conanchet oder die Beweinte von Wish-Ton-Wish* (1962), die Trilogie *Die Familienpapiere der Littlepage*, beginnend mit *Satanstoe* (1976), *Tausendmorgen* (1977), schließlich *Die Roten* (1978), die »Bilder aus der amerikanischen Vergangenheit« (Untertitel) liefern. 1955 hat sich Schmidt in einem Hörspiel mit Cooper befasst; mit Blick auf seine eigene Rolle im Literaturbetrieb des restaurativen Adenauer-Deutschlands verweist er auf die Anfeindungen, denen Cooper als scharfer Kritiker der polit. Verhältnisse seiner Zeit in seinen letzten Lebensjahren ausgesetzt war. In ästhetischer Hinsicht versucht Schmidt in Coopers Werk eine seinem eigenen Realismus-Begriff verwandte Position zu finden, der gemäß Cooper seiner Ansicht nach auf Kosten einer spannungsreichen Fabel eher darum bemüht sei, »Zustände und Denkweisen« seiner Zeit festzuhalten (vgl. BA III/1, S. 125 f.). Die trapperhafte Ausstattung und Verhaltensweise des Erzählers in *Schwarze Spiegel* verdankt sich v. a. dem Bildfeld dieser Cooper'schen Romane. 12.28

Hochwald: Anspielung auf Adalbert Stifters Erzählung »Der Hochwald« (1842/44). Schmidt kannte sie genau und zählte sie in einem Radio-Essay über Stifter (1958) zu dessen wenigen Meisterstücken. 13.17

13.30 ***Das himmlische Barbierbecken***: Rasierschale. Hier Metapher für den Mond und Anspielung auf die verrostete Schale eines Barbiers (Bart- und Haarpfleger, franz.), die sich Don Quijote, der Held des gleichnamigen Romans (1605/1615) von Miguel de Cervantes (1547–1616), bei seiner Verwandlung zum Ritter in dem Glauben auf den Kopf stülpt, es handele sich dabei um den sagenhaften »Helm des Mambrin«.

14.2 **Käte-Kruse-Gewölk**: Käte Kruse (1883–1968), dt. Schauspielerin und Malerin, verh. mit dem Bildhauer Max Kruse. Sie fertigte für ihre Töchter und bald auch für die Kinder von Freunden anschmiegsame, mit Sand gefüllte Stoff-Puppen, deren Gesichter sie entworfen hatte. Die Puppen wurden in der Reformzeit der 1920er-Jahre in Berlin eine Sensation und führten dazu, dass Käte Kruse eine Werkstatt eröffnen musste, um die Nachfrage auch aus Amerika befriedigen zu können.

14.7–8 **Herakles: antiker Mistkutscher**: Herakles (Herkules) ist eine der zentralen Figuren der griech. Mythologie. Sohn des Gottes Zeus und der Sterblichen Alkmene, offenbaren sich seine göttl. Kräfte schon im Säuglingsalter. Mit acht Monaten erwürgt er zwei Schlangen, die Zeus' eifersüchtige Gattin Hera geschickt hatte, um ihn zu töten. Viele Jahre später erschlägt er im Wahnsinn seine drei Kinder und seine Frau. Um die Tat zu sühnen, folgt er der Weissagung des Delphischen Orakels und stellt sich für zwölf Jahre in den Dienst des Königs Eurystheus von Argos, der ihm zwölf Aufgaben stellt, die seither sprichwörtl. geworden sind: Er erwürgt den Nemeischen Löwen, tötet die neunköpfige Lernäische Schlange, fängt die kerynitische Hirschkuh und den erymanthischen Eber ein, erschießt die stymphalischen Vögel, mistet die Ställe des Augias von Elis aus, fängt den kretischen Stier, zähmt die Rosse des Thrakerkönigs Diomedes, besorgt das Wehrgehänge der Amazonen-Königin Hippolyte, erobert die Rinderherde des Geryoneus, stiehlt die Goldenen Äpfel der Hesperiden und ringt den Höllenhund Kerberos nieder.

15.33 **Nihilisten**: Nihilismus (von lat. »nihil«, nichts), ein philosophischer Terminus; beschreibt eine weltanschauliche Haltung, die alle positiven Zielsetzungen, Ideale und Werte ablehnt.

16.4 **Sousa, Washington Post**: John Philip Sousa (1854–1932), US-amerik. Komponist und Kapellmeister beim Marinekorps der

USA; der Marsch »Washington Post« ist eine Komposition Sousas, der dt. Text »Sie hat ein kindliches Gemüt« ist eine Parodie auf den Originaltext.

meilleur des mondes possibles: Die Auffassung, bei der bestehenden Welt handele es sich um die »beste der möglichen Welten«, stammt aus der *Theodicée* (1710) des Philosophen Gottfried Wilhelm Leibniz (1646–1716), der sich in diesem Werk mit der Frage beschäftigt, ob und wie die Übel der Welt mit einem guten und gerechten Schöpfergott in Einklang zu bringen sind. 16.7

Gondel: Dt. Pin-up-Magazin der 1950er- und 1960er-Jahre, in dem v. a. Fotografien der Film- und Musikstars der Zeit zu sehen waren. 16.24

Utys meldete sich: Als Utys (griech. oútis, »niemand«; auch Koseform von »odysséus«) stellt sich Odysseus dem einäugigen Polyphem in dessen Höhle vor, als dieser ihn nach seinem Namen fragt, und entgeht mit dieser List dem Tod (vgl. Homer, *Odyssee*, 9, 366 ff.). 17.5

maid in waiting: Titel eines Romans des engl. Schriftstellers John Galsworthy (1867–1933), der v. a. mit seiner fünf Romane umfassenden *Forsyte Saga* (1907–21) bekannt geworden ist. 17.8

Und der Geistersopran: Sprechen Sie noch?!: In den alten Fernsprechvermittlungsstellen sprach das ›Fräulein vom Amt‹ die Formel »Sprechen Sie noch? Wird noch gesprochen? Ich trenne«, bevor sie die Leitung unterbrach. 17.17–18

***An* Herrn Klopstock […] für den Fall.)**: Friedrich Gottlieb Klopstock (1724–1803), dt. Dichter, Verfasser des *Messias* (4 Bde., 1751–73), eines Versepos, das in 20 Gesängen die Leidens- und Auferstehungsgeschichte Christi vor dem Hintergrund himmlischer und höllischer Gewalten schildert. Dieser Brief stammt aus einem anderen Manuskript Schmidts, das unter dem Titel *Die Wundertüte* urspr. als zweites Buch Schmidts 1951 erscheinen sollte. Aus der Veröffentlichung wurde zu Schmidts Lebzeiten nichts, es erschien erst posthum 1989 (vgl. das Nachwort von Bernd Rauschenbach zu *Arno Schmidts Wundertüte*, Zürich 1989, S. 213 ff.; vgl. auch Schmidts Funkessay *Klopstock oder verkenne dich selbst* in: BA II/1, S. 385 ff.). Klopstocks Utopie vom dt. Geistesleben *Die deutsche Gelehrtenrepublik* (1774) wurde zu einem Subtext für Schmidts nach *Schwarze Spiegel* 17.27–34 zweite Utopiedichtung *Die Gelehrtenrepublik. Kurzroman aus den Roßbreiten* (1957), die im Jahr 2008 ebenfalls nach einem Atomkrieg spielt.

18.15–16 **Brüderstraße**: In der Brüderstraße 7 in Lauban lebte zu Schmidts Schulzeit seine unerfüllt gebliebene Jugendliebe Johanna Wolff, auf die er in seinem Werk immer wieder anspielt.

18.21 **Nebel**: Friedrich Nebel hieß zu der Zeit, als die Schmidts in Cordingen lebten, der Poststellenleiter von Benefeld. In der Post befand sich das einzige öffentl. Telefon des Ortes.

18.29 **Kollegen Schattenreisenden**: Anspielung auf die Orpheus-Thematik und die Vorstellung der griech. Mythologie von der Unterwelt als einem Reich der Schatten.

18.32–33 **einmal lebt ich [...] mehr bedarfs nicht**: Zitat aus der Ode »An die Parzen« von Friedrich Hölderlin (1770–1843), in der es heißt: »Willkommen dann, o Stille der Schattenwelt! / Zufrieden bin ich, wenn auch mein Saitenspiel / Mich nicht hinab geleitet; Einmal / Lebt ich, wie Götter, und mehr bedarfs nicht.«

18.33–34 **cosa rara, und [...] Oper von Martini**: cosa rara (ital.): Seltener Fall. *Una cosa rara* ist eine Oper des span. Komponisten Vicente Martin y Soler (1754–1806). Er ging 1777 nach Italien, wurde dort Martini genannt, bevor ihn 1786 Mozarts Librettist Lorenzo da Ponte nach Wien holte. Mozart zitiert im 2. Akt des *Don Giovanni* eine Passage aus der *Cosa rara* als Tafelmusik bei Giovannis Bankett.

19.14 ***Autores fideles und autores bravos***: Gegenüberstellung von »treuen« bzw. »gläubigen« und »wilden«, »mutigen« bzw. »ungezähmten« Autoren. Der Karl-May-Kenner Schmidt spielt hier vmtl. an auf die Gegenüberstellung von »indios fideles« und »indios bravos«, die sich im Werk Mays an verschiedenen Stellen findet.

20.18 **Lais**: Kurzes sangbares Erzählgedicht, Ballade oder Lied; urspr. Lieder breton. Harfner, dann franz. und provenz. lyrische Gedichte des 12. bis 15. Jh.s. Weiterentwicklung zu höfischen, epischen Kurzerzählungen mit Motiven aus Lokalsage, Volksmärchen und Episoden der Helden-(Artus-)Sage; Vorstufe der Novelle.

20.20–21 **August Stramm [...] Albert Ehrenstein**: August Stramm (1874–1915) und Albert Ehrenstein (1886–1950), dt. Dichter des Expressionismus, die v. a. mit ihrer ausdrucksstarken Lyrik hervorgetreten sind. Schmidt entdeckte schon als Gymnasiast die expressionistische Dichtung für sich, deren Sprache die herkömmlichen ästhetischen Formen sprengte. Er sprach von den Expressionisten als der »letzten großen deutschen Talentwelle«, der er die »heilsame Rücksichtslosigkeit« und »die schneidende Energie des Ausdrucks« verdanke. Die Ausbildung von Schmidts eigenständiger dichterischer Sprache steht so unter dem Eindruck expressionistischer Stilmittel und umfasst Wortballungen, Worthäufungen, weggelassene Artikel, Füllwörter und Präpositionen, gewagte Wortbilder zur Darstellung von Abstraktem, v. a. aber kühne Wortschöpfungen, die aus Substantiven Adjektive machen und umgekehrt, ohne sich jedoch im Gebrauch expressionistischen Formenvokabulars zu erschöpfen.

Unter der linden an der haide: 1. Vers des Gedichts »Unter den Linden« von Walther von der Vogelweide (≈1170–≈1228): »Unter den Linden, / an der Haide, / wo ich mit meinem Trauten saß, / da mögt ihr finden, / wie wir beide / die Blumen brachen und das Gras. / Vor dem Wald mit süßem Schall, / Tandaradei! / sang im Tal die Nachtigall.« 21.22

Hainbund: Hain ist die Bezeichnung für einen kleinen, lichten Wald. Der Hainbund war ein am 12. 9. 1772 bei Göttingen gegründeter Freundschaftsbund junger Dichter, meist Studenten der dortigen Universität: Boie, Johann Heinrich Voss, Hölty, Miller, J. Fr. Hahn, Wehrs, Karl Friedrich Cramer, später Christian und Ludwig v. Stolberg, nahestehend auch Gottfried August Bürger, Schubart, Matthias Claudius. Das Naturerlebnis, das der Erzähler von *Schwarze Spiegel* hier beschreibt, findet sich v. a. in der naturnahen Lyrik des Hainbundes wieder. Der Bund setzte sich zum Ziel, die Dichtung von aufklärerischem Rationalismus und gesellschaftl. Konventionen (etwa des Rokoko) wie auch von fremden Vorbildern zu befreien. Viel mehr fühlte man sich der Freiheit der Phantasie verpflichtet und huldigte einem dynamischen Enthusiasmus im Geiste des schwärmerisch verehrten Dichters Friedrich Gottlieb Klopstock. Höhepunkte der wöchentlichen Zusammenkünfte waren Klopstocks Geburtstagsfeier am 2. 7. 1773 und dessen persönliches Erscheinen im Bund 1774; bald danach brachte der Weggang vieler Mitglieder die Auflösung des Hainbundes. 22.21

22.23–24 **ach, es war doch gut**: Anspielung auf Gen I,31: »Und Gott sah alles an, was er gemacht hatte, und siehe, es war sehr gut.«

22.29–30 **(Ich fürcht mich […] nach Haus zu gehen).**: Anspielung auf den Schlager »Ich fürcht' mich so im Dunkeln nach Haus zu geh'n« (≈1940).

22.30 **flying fortress**: »Fliegende Festung«, Bezeichnung des viermotorigen Bombers B–17 (Boeing), mit dem im Zweiten Weltkrieg eine große Zahl der Luftangriffe auf Deutschland geflogen wurde.

22.32 ***Malepartus***: Name der Raubhöhle des Reineke Fuchs in der dt. Tiersage; vgl. Johann Wolfgang von Goethes *Reineke Fuchs* (1794).

23.2–3 **Rilke, Geschichten vom lieben Gott**: Die *Geschichten vom lieben Gott* (1904) von Rainer Maria Rilke (1875–1926), eine Sammlung von zwölf märchenhaften Erzählungen, wurde zu einem seiner erfolgreichsten Bücher.

23.6 **Pneumatomache**: (gr.) »Geistbekämpfer« nannte sich eine Gruppe, die nach theologischen Streitigkeiten um die Lehren des alexandrinischen Presbyters Arius (gest. ≈336 n. Chr.) von der orthodoxen Lehre abfielen, nachdem 362 auf der Friedenssynode von Alexandria die Formel »drei Personen, ein Wesen« geprägt und damit die Göttlichkeit des Heiligen Geistes dogmatisch sanktioniert wurde. Der Erzähler benutzt den Begriff, um seine Ansicht von der Verblasenheit und Überfeinerung der Dichtung Rilkes zu unterstreichen.

24.10 **Draisine**: Nach dem Erfinder Karl Friedrich Drais (1785–1851); Vorläufer des Fahrrads, kl. Schienenfahrzeug zur Kontrolle von Eisenbahnstrecken.

24.17–18 **Man erschlage ihn […] Keule doppelten Gewichts**: Der Erzähler zitiert sinngemäß eine Stelle aus Heinrich von Kleists (1777–1811) Drama *Die Hermannsschlacht* (1808), in der Hermann der Cherusker zu Septimus, einem röm. Anführer spricht: »Du weißt was Recht ist, du verfluchter Bube, / Und kamst nach Deutschland, unbeleidigt, / Um uns zu unterdrücken? / Nehmt eine Keule doppelten Gewichts, / Und schlagt ihn tot!«

24.21 **hunnischen**: Der Begriff ›Hunnen‹ ist eine Bezeichnung für eine Gruppe innerhalb der Völkerschaften mit nomadischer, später halbnomadischer Lebensweise. Sie waren urspr. im Gebiet zwischen Issyk-Kul und Ulan-Bator beheimatet und sollten für die weitere asiat. und europ. Geschichte eine bedeutende Rolle spielen.

Menjoubärtchen: Sehr schmaler, gestutzter Schnurrbart, nach 24.32–33
dem franz. Filmschauspieler Adolphe Menjou (1890–1963).

Achamoth oder [...] ins Teutsche übergetragen.): An dieser 25.10–26.5
Stelle entwickelt der Erzähler die Fiktion eines Buches, dessen aus der barockisierenden Titelei hervorgehender inhaltlicher Entwurf motivisch zusammenhängt mit seinem sich aus der Philosophie Schopenhauers wie auch der frühchristl. Lehre der Gnosis speisenden pessimist. Weltbild. Der Begriff ›Achamoth‹ entstammt der hochkomplexen gnostischen Kosmologie, die den Ursprung und die Entwicklung des Universums in Abhängigkeit von ihrem eigenen Schöpfergott, dem Demiurgen, beschreibt. Achamoth ist der hebr. Ausdruck, den der Gnostiker Valentinus (≈150 v. Chr.) im Zusammenhang dieser Kosmologie der durch die Begierde zerrütteten Weisheit gibt, welche sich aus sinnlicher Liebe aus dem Pleroma, dem gestalteten Chaos, in den göttl. Abgrund stürzt und dadurch Mutter des Weltdemiurgen – für Schmidt des Leviathan – wird.

Es ist so schön Soldat zu sein: »Es ist so schön Soldat zu sein, 26.13–14
Rosemarie«, Soldatenlied (≈1939) von Herms Niel (1888–1954), dem dt. Marschkomponisten und Kapellmeister des Reichsarbeitsdienstes.

they asked for it, and they got it!: »Sie fragten danach, und sie 26.14
bekamen es«; die Formel taucht auch in dem Brief eines brit. Soldaten auf, mit der Schmidts frühe Erzählung *Leviathan oder Die beste der Welten* beginnt. Der Soldat berichtet unter dem Datum des 20.5.1945 aus dem zerstörten Berlin in die Heimat: »The town is fearfully smashed, rather like a bad dream; well: they asked for it and they got it.«

***Reziproke Radien* [...] projektiv wiedergeben. –)**: Der Erzähler 26.23–35
bedient sich eines math. Konzepts, um ein Modell künstlerischen Schaffens zu skizzieren.

Gedankenspielerei: Der Begriff ›Gedankenspiel‹ nimmt in der 27.1
Poetik Schmidts eine zentrale Rolle ein. In den *Berechnungen II* (1956) beschäftigt er sich mit der Frage, wie bestimmte Bewusstseinsvorgänge literarisch abgebildet werden können. Er geht da-

von aus, dass Menschen oft Gedankenspiele anstellen: »Das Gedankenspiel ist kein seltener oder auch nur extremer Vorgang, sondern gehört zum unveräußerlichen Bestand unserer Bewußtseinstatsachen: ohne der Wahrheit Gewalt anzutun läßt sich behaupten, daß bei jedem Menschen die objektive Realität ständig von Gedankenspielen, meist kürzeren, nicht selten längeren, überlagert wird« (BA III/3, S. 276). Die hier benannten verschiedenen Arten von Gedankenspielen lassen sich literarisch verwerten, indem man das »Zusammen= und Durcheinanderspiel des Alltags eines Menschen mit seinem Längeren Gedankenspiel getreulich« (BA III/4, S. 238) abbildet. Das literarisch realisierte »Längere Gedankenspiel«, wie Schmidt es nennt, bestünde demnach in der Darstellung der Beziehung zweier »Erlebnisebenen« (BA III/3, S. 275), der des Alltags und der der Phantasie.

27.7 **Schwarze Spiegel lagen viel umher**: Mit dieser titelgebenden Metapher bezeichnet der Erzähler in erster Linie die schwarzen Wasserpfützen, die nach einem Regenguss die Landschaft überziehen. In diesem Sinne findet sich die Formulierung schon vor Schmidt. Theodor Fontane gebraucht das Bild in seiner Ballade »Sir Walter Raleighs letzte Nacht«, Alfred Lichtenstein in dem Gedicht »Capriccio«. Hinter der Formel verbirgt sich zudem eine Anspielung auf den Titel (und damit indirekt auch auf inhaltliche Elemente) von Christoph Martin Wielands (1733–1813) Roman *Der goldene Spiegel oder die Könige von Scheschian* (1772). Das in Schmidts Erzählung mehrfach anklingende Unterwelt-Motiv findet auch in der Titelmetapher einen Reflex, markiert sie doch auch den Eingang in die Unterwelt, das Reich der Toten. Im 6. Buch der Vergil'schen *Aeneis* ist von einem »schwarzen See« (Vers 238) umgeben von »finsteren Wäldern« die Rede, durch die Aeneas in die Unterwelt hinabsteigen wird. Dieses Unterwelt-Motiv klingt auch in Stifters Erzählung »Der Hochwald« an (vgl. Erl. zu 13.17) und erweitert sich in *Die Sonnenfinsternis am 8. Juli 1842* zu einer apokalyptischen Vision: »die Stadt sank zu unsern Füßen immer tiefer, wie ein wesenloses Schattenspiel, hinab, das Fahren und Gehen und Reiten über die Brücke geschah, als sähe man es in einem schwarzen Spiegel – die Spannung stieg aufs höchste – einen Blick tat ich noch in das Sternrohr, er war der letzte [...].« Die Metapher

›Schwarze Spiegel‹ hat ihren Ursprung in einem optischen Instrument, das die Maler des 17. und 18. Jh.s als Hilfsmittel verwendeten, um eine möglichst naturgetreue Abbildung einer Landschaft oder Stadtansicht zu erhalten. Aus einem konvexen Spiegel mit schwarzer statt silberner Folie glüht dem Betrachter die Landschaft verkleinert und magisch leuchtend entgegen. Nach dem Landschafts- und Idyllenmaler Claude Lorrain (1600–1682) wurde dieser schwarze Spiegel auch ›Claude-Glas‹ genannt.

Montgolfière: Heißluftballon, der nach dessen Erfindern, den 27.19–20
Brüdern Joseph und Jacques Etienne Montgolfier, benannt ist.

Pilâtre de Rozier: Jean-François Pilâtre de Rozier (1757–1785), 27.20
franz. Physiker und Luftfahrtpionier, verunglückte am 15.6.1785 mit einem von ihm entwickelten Heißluftballon tödlich.

Ikarus: In der griech. Mythologie Sohn des Dädalus. Beide wur- 27.22
den von König Minos im Labyrinth des Minotaurus auf Kreta gefangen gehalten. Dädalus sann auf Fluchtmöglichkeiten und fertigte für sich und seinen Sohn aus Wachs und Federn künstliche Flügel. Ikarus missachtete bei der Flucht alle Warnungen seines Vaters, der Sonne zu nah zu kommen, und stieg zu hoch hinauf. In der Hitze schmolz das Wachs, die Flügel fielen auseinander, Ikarus stürzte ins Meer und ertrank.

Geleitzug: Geschützter Konvoi aus Handelsschiffen, v. a. in den 31.14
beiden Weltkriegen, als die vom Seehandel abhängigen Mächte ihre Handelsschiffe im organisierten Verband durch bedrohte Gewässer zu bringen suchten.

***»Vaubansche Front«* fiel […] den Bousmard gelesen)**: Sébastien 32.7–10
le Prestre de Vauban (1633–1707), franz. Festungsbaumeister und Volkswirtschaftler, erwies sich in den ersten Feldzügen Ludwigs XIV. als Meister des Belagerungskrieges. 1678–1697 umgab er Frankreich mit einem Kranz weit vorgeschobener Befestigungen, die bis ins 19. Jh. als uneinnehmbar galten. »Face, Flanke, Kurtine, Kavalieren, Tenaille, Ravelin« sind militärhist. Fachbegriffe aus dem Befestigungswesen (Fortifikation). Schmidt erwähnt in seiner Fouqué-Biografie in diesem Zusammenhang einen Generalmajor von Bousmard, der damals durch seine Schriften über das Befestigungswesen bekannt geworden

sei (vgl. BA III/1, S. 189). Der Erzähler in *Schwarze Spiegel* zeichnet sich einen Plan für den Bau seiner Hütte und denkt an eine wehrhafte Befestigung.

33.33–34 **Meridiandurchgang**: Der Mittagskreis (lat. meridianus) ist der größte Kreis am Himmel durch Zenit und Pol, in dessen Ebene der Ort des irdischen Beobachters liegt. Er steht auf dem Horizont senkrecht und schneidet diesen im Nord- oder Mitternachtspunkt sowie im Süd- oder Mittagspunkt. Beide Punkte sind durch die Mittagslinie miteinander verbunden. Beim Durchgang durch den Meridian haben für den Beobachter die Gestirne ihre größte Höhe (Mittagshöhe) oder, zwölf Stunden später, ihre niedrigste Höhe (Mitternachtstiefe).

35.13 **B. 1107**: Nummer eines kl. Betonbunkers in Cordingen, den das Ehepaar Schmidt gern bezogen hätte. Aus der Bunkerruine haben Schmidts noch das blaue Emailleschild mit der Nummer B. 1107 retten können (heute im Archiv der Arno Schmidt Stiftung in Bargfeld).

36.22 ***Mit dem Besenreis in der Hand* (wie Droll)**: Als Besenreis bezeichnet man ein Bündel junger Baumzweige, die zu einem Besen gebunden sind. Der Erzähler spielt hier auf eine Figur aus Karl Mays (1842–1912) Jugenderzählung *Der Schatz im Silbersee* (1890/91) an (vgl. BA III/2, S. 102 f.).

37.33–38.1 **Mädler hatte viele […] und vielleicht Fauth.**: Gemeint sind einige der wichtigsten dt. Astronomen des 19. Jh.s, die v. a. durch ihre Erforschungen und Kartografien der Mondoberfläche hervorgetreten sind. Johann Heinrich Fauths (1867–1941) Mondkarte *Unser Mond … mit einer Mondkarte 1:4 Mill.* ist im Maßstab 1:1 Mio. noch heute im Gebrauch.

38.17 ***Auf der Kreuzung hinter Schneverdingen***: Der Erzähler beschreibt die Route nach Hamburg, die ihn durch zahlreiche kleine Ortschaften der Lüneburger Heide nordwärts führt.

39.10–13 **vor und um […] beiden Seiten) ‹stattgefunden›**: Schmidt war vor der Niederschrift von *Schwarze Spiegel* Ende der 1940er-Jahre mehrfach in Hamburg und hatte die Bilder der bei einem Luftangriff 1943 weiträumig zerstörten Stadt deutlich vor Augen. Vgl. auch Hans Erich Nossacks (1901–1977) Erzählung *Der Untergang* (1948) und Hubert Fichtes (1935–1986) Roman *Detlevs Imitationen »Grünspan«* (1979).

denn ich dachte […] Schlaf zu tun: Leicht verfremdetes Zitat aus Friedrich Schillers (1759–1805) Drama *Wallenstein* (1800). In *Wallensteins Tod* zieht sich Wallenstein in sein Schlafgemach zurück und spricht: »Ich denke einen langen Schlaf zu tun, / Denn dieser letzten Tage Qual war groß / Sorgt, daß sie nicht zu zeitig mich erwecken.« Der Ausspruch wurde zum Exempel tragischer Ironie, denn Wallenstein nimmt hier nichtsahnend seine eigene Ermordung vorweg, die ihn kurz darauf ereilt. 40.21–22

***Neue Metamorphosen* […] stöhnenden Schornstein.**: Vor dem zeithist. Hintergrund der Massenvergewaltigungen von Frauen 1945 in Berlin durch russ. Soldaten spielt der Erzähler an auf die Geschichte des Gottes Apollo und der Nymphe Daphne, wie sie Ovid in seinen *Metamorphosen* (1, 451 ff.) erzählt: Um von der Liebe des Gottes verschont zu bleiben, die sie nicht erwidert, fleht Daphne ihren Vater, den Flussgott Penëus an, ihre anziehende Gestalt zu verderben, und wird in einen Lorbeerbaum verwandelt. Der verliebte Apoll erklärt, der Lorbeer solle fortan zum Zeichen des Triumphes werden. 42.5–8

Ilse Koch: (1906–1967) Frau des Lagerkommandanten des Konzentrationslagers Buchenwald, Karl Otto Koch, wurde ihrer Brutalität wegen bekannt als die ›Hexe von Buchenwald‹. 42.29

Da standest Du vor meinen Bli-hi-cken: Arie des Don José (Tenor) in der Oper *Carmen*, Oper in 4 Akten nach Prosper Merimée von Henri Meilhac und Ludovic Halévy, UA 1875 in Paris. 43.10–11

stud. pimp. et mes.: Verballhornung der Bezeichnung ›studiosus philosophiae et medicinae‹, wiederzugeben etwa als ›Student des Pimperns und der Möse‹. 43.21

Franz Horn: (1781–1837) dt. Schriftsteller und Literaturhistoriker. Schmidt stellt ihn in seiner Fouqué-Biografie als engen Freund und bedingungslosen Bewunderer Fouqués vor. Bekannt wurde er mit seinem Werk *Shakespeare's Schauspiele erläutert* (5 Bde., 1823–31). 43.30

Ranke: Leopold von Ranke (1795–1886), dt. Historiker, gilt als Begründer der wissenschaftl. Geschichtsschreibung. 43.32

Marwitzens Erinnerungen: Ludwig von der Marwitz (1777–1837), dt. Offizier und Politiker, Gegner Napoleons. 43.34

Rambo: Evtl. schles. Redensart i. S. v. »Alles kalter Kaffee«; die viel später geschaffene Filmfigur ist nicht gemeint. 44.6

44.22 **»Blende ihn mit Deinem Schein«!**: Zeile aus der so genannten »Spiegelarie« des Dapertutto aus dem 2. Akt von Jacques Offenbachs Oper *Hoffmanns Erzählungen*; UA: 1881 in Paris.

44.23 ***Der nackte Bronzereiter***: Gemeint ist die Bronzeskulptur »Reiter« (1908) des dt. Bildhauers Hermann Hahn (1868–1942), die seit 1920 vor der Hamburger Kunsthalle steht. Sie stellt einen jugendlichen Athleten dar, der nackt und ohne Sattel, nur mit einem altgriech. Reisehut bekleidet, auf einem Pferd sitzt.

44.32 **Ausstellung der Griffelkunst-Vereinigung**: Jubiläumsausstellung anlässlich der 100. Bilderwahl der Hamburger Griffelkunst-Vereinigung, die Schmidt und seine Frau Alice laut ihrer Tagebuch-Eintragung am 25. 10. 1950 gesehen hatten. Die Griffelkunst-Vereinigung wurde 1925 von dem Hamburger Volksschullehrer Johannes Böse gegründet und nahm mit 79 Mitgliedern ihre Editionstätigkeit auf. Beeinflusst von der kunstpädagogischen Auffassung des ersten Direktors der Hamburger Kunsthalle, Alfred Lichtwark, das grafische Blatt müsse als das dem Bürger am leichtesten erreichbare Kunstobjekt aus Gründen der Bildung und der Kunstförderung gezielt verbreitet werden, begann diese Vereinigung Grafikeditionen für ihre Mitglieder anzubieten. Ein Grundprinzip der Auswahl besteht bis heute darin, den Interessenten einerseits mit hist. Beispielen auszustatten, andererseits immer auch mit neuesten Tendenzen der Kunstentwicklung bekannt zu machen.

45.12–15 **»*Das Gerücht*«. […] Paul Weber also.**: »Das Gerücht« (1943–53, versch. Fassungen) und »Die große Lähmung« (1948–53, versch. Fassungen): Lithografien des dt. Zeichners und Graphikers Andreas Paul Weber (1893–1980).

45.17–18 **je pouvais prendre […] hatte Tucholsky gesagt**: Kurt Tucholsky (1890–1935) hatte am 2. 2. 1926 Édouard Ramonds *Durchaus unpassende Geschichten*, eine Sammlung von Anekdoten aus dem Pariser Halbweltmilieu, rezensiert. Um die Übersetzungsschwierigkeiten zu verdeutlichen, zitiert er u. a. jene Stelle, die Schmidts Erzähler hier aufgreift. Sie handelt von der Begegnung zweier Zuhälter, die sich über ihre Gelüste austauschen. »Mir ist heute mächtig …«, äußert der eine, worauf der andere antwortet »Aber wie! Je crois que je serais capable de prendre un chien!« (Etwa: »Ich glaube, ich wäre sogar fähig, es mit einem Hund zu treiben!«)

»Kuh am Meer«: Gemeint ist vermutlich eine Farblithographie des Hamburger Malers Karl Kluth (1898–1972) mit dem Titel »Kuh« (1950), die in der Jubiläumsausstellung der Griffelkunst in der Hamburger Kunsthalle zu sehen war. 45.21

***Magnus Zeller* [...] mir merken »Magnus«**: Magnus Zeller (1888–1972), dt. Maler und Grafiker. Ausgebildet von dem dt. Maler Lovis Corinth, folgte Zeller nach Studien in Paris in seinen figürlichen Gemälden dem Stil des Berliner Expressionismus, der neben der Farbgebung v. a. in der nervösen Schlankheit seiner Figuren und teilweise grotesken Überhöhungen deutlich wird. Gemeint sind hier drei Radierungen Zellers, die ebenfalls in dieser Ausstellung der Hamburger Kunsthalle zu sehen und wohl auch im selben Jahr 1950 entstanden waren: »Mondnacht im Gebirge«, »Italienische Stadt« und »Reiter am Nebelsee«. 45.28–33

»daß ihm die Kutteln [...] nicht erkennen sollten!: Anspielung auf eine Szene aus Friedrich Schillers Drama *Die Räuber* (1781) (Akt 2, 3), in der Schweizer ausruft: »Ha! Ich will ihnen mit meinen Fangern den Bauch schlitzen, daß ihnen die Kutteln schuhlang herausplatzen!« 46.2–4

***»Der Sprung«* [...] langsam nach vorn.**: »Der Sprung« (1950), »Das Ende« (1950) und »Frohe Fahrt« (1950) sind Lithographien von A. Paul Weber, die ebenfalls in der Griffelkunst-Ausstellung von 1950 zu sehen waren. 46.5–19

voilà un homme!: Mit diesen Worten soll Napoleon am 2. 10. 1808 in Erfurt Goethe empfangen haben. 46.7

Marcs »Affenherde«: Das Gemälde »Affenfries« (1911) stammt von dem dt. Maler Franz Marc (1880–1916), einem Mitbegründer des Expressionismus in der Malerei. 46.8

Treppenhausgemälde: Bild mit dem Titel »Treppenszene« des dt. Malers, Bildhauers, Bühnengestalters und Tänzers Oskar Schlemmer (1888–1943). Schlemmer, seit 1922 am Bauhaus in Dessau Formmeister für Wandmalerei, beschäftigte sich seit Ende der 1920er-Jahre mit Architekturmotiven. So entstanden eine Reihe von Treppen- und Geländerbildern, auf denen er die Verzahnung von Fläche und Raum, Figur und Architektur erfasst hat. 46.9

Bembergseide: Kunstseide der Firma Bemberg (seit 1901), wurde zum Inbegriff für Damenstrümpfe aus Kunstseide, nicht zu- 46.12

letzt der Werbekampagnen wegen, die mit Schauspielerinnen wie Marlene Dietrich besetzt wurden.

46.23–24 **d'abord je ne [...] se fermèrent brusquement**: Zitat aus dem Roman *Voyage au Centre de la Terre* (1864, dt. *Reise zum Mittelpunkt der Erde*) des franz. Schriftstellers Jules Verne (1828–1905). In der dt. Übersetzung lautet die Passage: »Zuerst sah ich nichts. Ich kniff meine lichtentwöhnten Augen zu.« Vernes phantastische Romane spielen im literarischen Kosmos von Arno Schmidt eine große Rolle.

46.28 ***»Kinder mit Papierdrachen«***: Lithografie A. Paul Webers von 1950. Schmidt trat in die Griffelkunst-Vereinigung ein, bekam das Blatt am 14.12.1950 nebst zwei weiteren von Weber mit Widmung geschenkt, nachdem er ihm einen hymnischen Brief geschrieben hatte. Das Blatt hing lange über Schmidts Schreibtisch (heute im Bargfelder Archiv).

47.7–10 **A. Paul Weber [...] das vor allem).**: Gemeint sind die beiden Lithographien Webers »Die Schaukelei« (1948/49) und »Das Neueste« (1950).

47.11 ***Piranesis »Carceri«***: Als Kupferstecher war Giovanni Battista Piranesi (1720–1778) ein Meister der Phantastik. Sein Ruhm gründete sich auf die Radierungen »Carceri d'Invenzione« (1745), die »Kerker der Erfindung«. Gemeint ist hier eine im Kupferstichkabinett der Hamburger Kunsthalle hängende kl. Pinselzeichnung, die einen über Eck gesehenen Irrgarten kolossaler Architektur entwirft, deren Ausmaße in ihrer letzten Begrenzung kaum eingefangen sind.

47.11 **Callot »Balli di Sfessania«**: Jacques Callot (1592–1635), lothringischer Kupferstecher, Radierer und Zeichner. Auf 24 Radierungen der »Balli di Sfessania« (1622) gestaltet er die grotesk-erheiternde Welt und die einzelnen Figuren der Commedia dell'arte, die in Frankreich als comédie italienne bekannt wurde und in Deutschland verändert als Hanswurstiade nachlebte. Die »Balli di Sfessania« waren auch für den von Schmidt sehr geschätzten romant. Dichter E. T. A. Hoffmann wichtig. Im Titel und in seiner Vorrede zu den *Phantasiestücken in Callots Manier* (1814/15) hat Hoffmann auf seine Wahlverwandtschaft mit dem franz. Kupferstecher aufmerksam gemacht.

48.14 **Shillelah, um den [...] O'Hearn beneidet hätte**: Gemeint ist ein

Eichenknüppel, den Mike O'Hearn, eine Figur aus Coopers Roman *Wyandotté: or, The Hutted Knoll* (1843), bei sich trägt (vgl. Erl. zu 12.28).

Boletus subtomentosus Linné: Gemeint ist hier die blassgrüne Fruchthaut der so genannten Ziegenlippe, eines röhrenförmigen Speisepilzes, den der Erzähler betrachtet. 48.18

seladonene: Céladon, Name des sentimentalen Liebhabers in Honoré d'Urfés (1568–1625) Schäferroman *Astrée* (1607–27); nach seiner zartgrünen Kleidung wurde ein blasses Grün ›seladon‹ genannt. 48.21

Abends lange im [...] sind die Meisterstücke.: Romane des engl. Schriftstellers Charles Dickens (1812–1870). Schmidt verfasste über ihn einen Radio-Essay (1959), in dem er v. a. die Bedeutung des *Bleak House* (1853), den er für besonders gelungen hielt, als Studienobjekt für Dichterkollegen hervorhob. 48.25–27

ganz dahinten, »weit in der Türkei«: Zitat aus Goethes Tragödie *Faust. Erster Teil* (1808), »Vor dem Tor«, es spricht ein »Anderer Bürger«: »Nichts Bessers weiß ich mir an Sonn- und Feiertagen / Als ein Gespräch von Krieg und Kriegsgeschrei, / Wenn hinten, weit, in der Türkei, / Die Völker aufeinanderschlagen.« 49.17

Voltasche Säule: Nach dem ital. Physiker A. Graf Volta (1745–1827); galvanisches Element aus Kupfer- und Zinkblechen in einem wässrigen Elektrolyten. 49.22–23

ein Wolkenmorlocke schlich [...] am ganzen Körper: Anspielung auf den utop. Roman *The Time Machine. An Invention* (1895, *Die Zeitmaschine. Eine Erfindung*) des engl. Schriftstellers Herbert George Wells (1866–1946). Wells erzählt die Geschichte eines Zeitreisenden, der sich mit einer Maschine ins Jahr 802701 versetzt und nach seiner Rückkehr von einer Zukunft berichtet, in der ein offenbar gänzlich befriedetes Naturparadies nur noch bevölkert wäre von so genannten Eloi, neugierig-zutraulichen Geschöpfen voller spielerischer Unbekümmertheit. Bei Anbruch der Nacht allerdings käme eine instinktive Furcht vor einer zweiten Art menschlicher Wesen über sie, den Morlocks, monströsen zotteligen, bleichen Geschöpfen, die tagsüber in Höhlen lebten und nachts die Eloi als Schlachtvieh einfingen. 49.34–35

50.17–18 **Kiefernphalangen**: Besonders dichte Baumreihe aus Kiefern (in der Antike war eine Phalanx eine lange, geschlossene Schlachtreihe in mehreren Gliedern).

51.20 **Nessel**: Die Gardinen sind aus einem Gewebe, das aus einem aus Brennnesseln gewonnenen Garn hergestellt wird.

52.18 **Malthus**: Der Geistliche und Ökonom Thomas Robert Malthus (1766–1834) vertrat eine einflussreiche Bevölkerungslehre, nach der das Wachstum der Bevölkerung ewigen Naturgesetzen unterliege und schneller vor sich gehe (geometrische Progression) als die Produktion von Nahrungsmitteln (arithmetische Progression). Elend und Hunger haben nach Malthus ihre Ursache in der natürlichen Eigenschaft des Menschen, sich zu vermehren.

52.18 **Annie Besant**: (1847–1933) engl. Freidenkerin, die sich um 1870 als unbequeme Publizistin und Sozialreformerin mit Fragen der Bildungspolitik, des Frauenwahlrechts und der Geburtenkontrolle beschäftigte und später nach Indien auswanderte, wo sie 1917 Präsidentin des indischen Nationalkongresses wurde.

52.26–27 **dem elfjährigen Sonnenfleckenzyklus**: Sonnenflecken sind dunkle Stellen auf der sichtbaren Sonnenoberfläche, die kühler sind und daher weniger Licht abstrahlen als der Rest der Oberfläche. Ihre Größe beträgt zwischen 1000 und mehreren 10000 km Durchmesser. Die Häufigkeit dieser Flecken schwankt in einem rund elfjährigen Zyklus und zeigt den Aktivitätszustand der Sonne an.

52.34 **Jupiterbedeckung**: Auf seinem monatl. Weg durch die Sternbilder des Tierkreises begegnet der Mond auch den Planeten. Meist zieht er dabei nördl. oder südl. am Planeten vorbei. In seltenen Fällen ist die scheinbare Begegnung so eng, dass der Mond von der Erde aus gesehen den Blick auf den viel weiter entfernten Planeten verstellt – in diesem Fall auf den Jupiter und seine Monde.

53.6–36 ***Das Problem des Fermat*** **[…] verging vorbildlich dabei).**: Der franz. Mathematiker Pierre de Fermat (1608–1665) warf das Problem auf, eine Dreiergruppe von natürlichen Zahlen zu finden, bei der die Gleichung $x^n+y^n=z^n$ aufgeht, wenn der Exponent n größer als 2 ist. Dieses math. Rätsel forderte bis in die Gegenwart unzählige Mathematiker zu Beweisversuchen heraus und hat großen Einfluss auf die Entwicklung der algebraischen Zahlentheorie ausgeübt. Der Bankierssohn, Arzt und Mathematiker

Paul Wolfskehl (1856–1906) setzte 1906 eine Preissumme von 100000 Mark aus für den, »dem es zuerst gelingt, den Beweis des großen Fermatschen Satzes zu führen«. Am 27. 6. 1997 wurde Andrew J. Wiles der Wolfskehl-Preis für die Lösung des Problems von der Akademie der Wissenschaften in Göttingen überreicht.

Ins Bedeutend Allgemeine: Anspielung auf eine Stelle aus Goethes *Maximen und Reflexionen* (1833): »Wissen: das Bedeutende der Erfahrung, das immer ins Allgemeine hinweist« (Nr. 306). 53.25

***With all its numberless* [...] von Monmouth sein).**: Zitat aus Samuel Taylor Coleridges (1772–1834) Gedicht »Frost at Midnight«: »Mit all der vielfältigen Geschäftigkeit des Lebens, unhörbar wie Träume.« In seiner Fouqué-Biografie (1958) führt Schmidt aus, wie Fouqué sich »von fremden alten Fabeln [...] seiner eigentlichen Zeitgenossen, der großen mittelalterlichen Epiker« (BA III/1, S. 179) zu eigenen Texten habe anregen lassen. Schmidt bezieht sich hier auf die *Lais* der franz. Dichterin Marie de France (im 12. Jh.), zwölf gereimte Kurzerzählungen, die sich auf breton. Quellen beziehen und mit feinem psychologischem Gespür Liebesabenteuer schildern, und auf die zwölfbändige *Historia Regem Britanniae* (1137) des engl. Bischofs Geoffrey of Monmouth (≈1100–1154), die Vorbilder für Fouqués *Ritter Elidouc. Eine altbretannische Sage* (1822) geliefert hätten. In der Sage gestaltet Fouqué die Geschichte eines Ritters zwischen zwei Frauen. 54.1–5

Über das Universum als Fortsetzung des Sinnensystems.: Die Formulierung stammt von dem dt. Naturforscher Lorenz Oken (1779–1851); die Außenwelt ist nach dieser Vorstellung eine Projektion des Bewusstseins, das die Wahrnehmung bestimmt. 54.6

Reader's Digest: *Reader's Digest* (»Auszug für Leser«), US-amerik. Unterhaltungszeitschrift, gegr. 1922 als Nachdruckblatt für Auszüge aus Zeitschriften und Büchern, enthielt später auch Originalbeiträge. 55.4–5

Herrn Professor George R. Stewart: Der Brief entstammt wie auch der Brief an Klopstock Arno Schmidts Manuskript *Die Wundertüte* (vgl. Erl. zu 17.29-36). George Rippey Stewart (1895–1980), US-amerik. Schriftsteller. Sein Roman *Earth Abides* (1949, dt. *Leben ohne Ende*), den Schmidt nicht gekannt 55.7

haben dürfte, weist inhaltlich bemerkenswerte Parallelen zu Schmidts Erzählung auf. Der Erzähler kommentiert in seinem Brief die Ausführungen Stewarts und führt eine Fülle von Daten und Namen aus dem Zusammenhang des Schrifttums und kulturellen Wissens der Antike an, um die herausragende Rolle der griech. Antike im Prozess der abendländischen Zivilisationsentwicklung herauszuheben.

56.8 **Vinland**: Leif Eriksson entdeckte 500 Jahre vor Christoph Columbus den nordamerik. Kontinent und nannte ihn ›Vinland‹.

56.19 **Byzanz**: Der antike, griech. Name für das heutige Istanbul.

56.19 **Phanagoria**: Griech. Kolonie an der asiat. Schwarzmeerküste, heute im Meer versunken, einst wichtiges Handelszentrum.

56.23–24 **Kriumetopon [...] Karambis**: Zwei sich gegenüberliegende steile Vorgebirge auf der Taurischen Halbinsel an der asiat. Schwarzmeerküste.

56.27 **Eudoxos**: Eudoxos aus Kyzikos, griech. Seefahrer aus dem 2. Jh. v. Chr.

56.27–28 **Ptolemaios Euergetes**: Ptolemaios III. Euergetes, König von Ägypten 246–221 v. Chr.; unter seiner Regierung erreichte das Ptolemäerreich seine größte Machtentfaltung.

56.32 **Alexandria**: Ägypt. Hafenstadt, Weltstadt des Altertums, 331 v. Chr. durch Alexander den Großen gegründet; weltberühmt durch seinen Leuchtturm Pharos und seine in einem großen Brand vernichtete Bibliothek. Eine frühe Erzählung Schmidts trägt den Titel *Pharos oder von der Macht der Dichter* (≈1944).

56.33 **Koptos**: Ägypt. Stadt am Nil, von der eine mit Wasserstationen bestückte Wüstenstraße bis an den Berenike-Hafen führte.

56.34 **Berenike**: Antik. ägypt. Hafen, der von Ptolemaios II (285–247 v. Chr.) an der Westküste des Roten Meeres gegründet und nach seiner Mutter Berenike benannt wurde.

57.1 **Oikilis**: Handelsplatz am Roten Meer.

57.5 **Barygaza**: Meeresnahe Stadt Vorderindiens (heute Broach), wichtiger Handelsplatz.

57.5 **Malabarküste**: Auch Pfefferküste genannt (nicht zu verwechseln mit der westafrik. Pfefferküste), geografische Bezeichnung für einen Küstenabschnitt am Arabischen Meer im SW Indiens.

57.7 **Hippalos**: Seefahrer, der als bester Kenner der Seefahrt im westind. Ozean galt.

Chryse-Fahrten: Von den Fahrten zur Insel Chryse bei Lemnos über den bengalischen Meerbusen, einem Ausläufer des heutigen Golfs von Bengalen im Ind. Ozean, berichtet der Astronom, Mathematiker und Geograf Ptolemaios (87–150 n. Chr.) in seinem geografischen Hauptwerk *Geographia*. 57.11

bengalischen Meerbusen: Ausläufer des heutigen Golfs von Bengalen im Ind. Ozean. 57.11–12

Kolumbus: Christoph Kolumbus (1451–1506), ital. Seefahrer in span. Diensten, dessen Entdeckungsfahrten in die Karibik den Europäern die Existenz Amerikas bewusst machten. Er erreichte 1492 die dem amerik. Kontinent vorgelagerten karibischen Inseln. 57.15

»Was Herodotos von [...] *Barbaren* vollbracht haben!«: Zitat des Einleitungssatzes von Herodots Geschichtswerk *Historiae* (Buch I, praefatio). Herodot von Halikarnassos (≈485–425 v. Chr.) war Weltreisender, Völkerkundler, Geograf und Historiker und schrieb mit seinen *Historiae* eine Geschichte der Auseinandersetzung zwischen Griechen und Persern im 5. Jh. v. Chr., die sowohl in ihrer literarischen Qualität als auch in ihrem Horizont so herausragend war, dass sie zum Grundlagenwerk aller zukünftigen Geschichtsschreibung werden sollte. 59.2–7

James Burckhardt: Gemeint ist wohl der schweiz. Kunst- und Kulturhistoriker Jacob Burckhardt (1818–1897), dessen lebenslange Forschungen zur Renaissance zusammengefunden haben in seinem bis heute gelesenen Hauptwerk *Kultur der Renaissance in Italien* (1860). 59.21

Präjudicium antiquitatis: (lat.) »Vorurteil des Altertums«. Dieser Begriff bezeichnet die Annahme, ein Urteil sei allein deswegen für wahr zu halten, weil es das ältere sei, und stammt aus dem *Auszug aus der Vernunftlehre* (1752) des dt. Philosophen Georg Friedrich Meier (1718–1777), in dem die lat. Schulterminologie der Logik des 18. Jh.s zusammengefasst ist. Dieses Handbuch wurde zu einer der wichtigsten Quellen für die Logik und Erkenntnistheorie Immanuel Kants (1724–1804), auf die sich der Erzähler hier beziehen dürfte. 59.30

Fliegenden Blätter: Satirische Zeitschrift (1854–1944). Das Blatt wurde wegen seiner grafischen Mitarbeiter geschätzt, darunter Carl Spitzweg, Moritz von Schwind, Wilhelm Busch, Th. 59.32

Th. Heine; sie bildeten zahlreiche typ. Verhaltensweisen und Figuren des dt. Bürgertums ab.

59.34-35 **Mark Twain vom Zeitungswesen in Tennessee**: Mark Twain (1835–1910), US-amerik. Schriftsteller; sein Beitrag *Zeitungswesen in Tennessee* erschien am 4.9.1869 im *Buffalo Express*. An gleicher Stelle hatte Twain am 21.8.1869 einen humorist. Bericht über seine Reise zu den Niagara-Fällen publiziert, in dem er durch Erwähnung eines Ausflugsdampfers namens »maid of the mist« auf die entsprechende Sage anspielt, auf die sich auch der Erzähler in *Schwarze Spiegel* bezieht (vgl. Erl. zu 70.2-3).

60.16-17 **geo- und heliozentrisches Weltbild**: Im geozentrischen Weltbild steht die Erde als Kugel im Zentrum des Universums. Alle weiteren Himmelskörper umkreisen die Erde in verschiedenen, von innen nach außen angeordneten Sphären. Neben einigen altgriech. Gelehrten war Ptolemäus der wichtigste Vertreter des geozentrischen Weltbildes. Die röm.-kath. Kirche verteidigte dieses Weltbild entschieden, u. a. im Prozess gegen Galileo Galilei. Erst durch die Arbeiten von Nikolaus Kopernikus, Tycho Brahe und Johannes Kepler erwies sich dieser Standpunkt als überholt und wurde durch das heliozentrische Weltbild ersetzt, das die Sonne in den Mittelpunkt des Universums rückt.

60.19 **diophantische Gleichungen**: Gleichung mit mehreren Unbekannten und unbestimmt vielen Lösungen, zurückgehend auf den griech. Mathematiker Diophant von Alexandrien (≈250 n. Chr.).

61.4 **Edgar Poe**: Edgar Allan Poe (1809–1849); US-amerik. Schriftsteller, dessen Romane und Erzählungen im Werk Schmidts eine sehr große Rolle spielen. Poe hatte großen Einfluss auf die Entwicklung der phantastischen und der Kriminalliteratur, v. a. auf Jules Verne und Arthur Conan Doyle (1859–1930). Schmidt hat sich in Artikeln und Essays, aber auch in seinem Prosawerk über Poes Arbeiten geäußert, außerdem zusammen mit dem Schriftsteller Hans Wollschläger (1935–2007) eine Neuübersetzung ins Deutsche angefertigt. In Schmidts Roman *Zettel's Traum* (1970) nimmt die Beschäftigung des Helden Daniel Pagenstecher mit Leben und Werk Poes sehr großen Raum ein.

61.19 **felibre**: Félibrige nannte man eine Gruppe neuprovenz. Dichter, die sich 1854 zusammenschloss, um durch die Publikation dichterischer und philologischer Werke die neuprovenz. Sprache und die okzitan. Dialekte dem Französischen ebenbürtig zu machen.

Kennen und schätzen Sie: Der Erzähler nennt hier eine Reihe von Romanen, die im literarischen Kosmos von Schmidts Gesamtwerk eine große Rolle spielen. Seine Helden tragen diese Bücher oft im Handgepäck mit sich, heben deren literarischen Wert hervor. Sowohl in seinem erzählerischen als auch in seinem publizistischen Werk haben die hier aufgezählten Werke vielerlei Spuren hinterlassen; sowohl in den poetologischen Äußerungen, die Schmidt seinen Helden in den Mund legt, als auch in den essayistischen und theoretischen Texten über diese und andere Autoren und Themen weist Schmidt auf formale oder inhaltliche Elemente hin, die sich in seinem eigenen Werk wiederfinden. Aus den Handbibliotheken seiner Helden wie auch den literarhist. Funkdialogen und biografischen Schriften, in denen Schmidt Leben und Werk dieser Autoren mitunter stark auf seine eigene Poetik hin perspektiviert, lassen sich wichtige Aspekte seiner eigenen Poetik rekonstruieren, etwa was seinen Begriff von Realismus und Experiment angeht. Im Reflex auf bestimmte formale Elemente im Werk seiner früheren »Kollegen« thematisiert Schmidt meist auch die eigene Poetik, und damit grundlegende erzähltheoretische Fragen, wie das Wirklichkeitserleben des Menschen in der Literatur angemessen dargestellt werden kann. Einen thematischen Zusammenhang für die Romane, auf die der Erzähler sich an dieser Stelle bezieht, stiftet zudem deren Darstellung oder Kritik utop. Staatsformen und die Auseinandersetzung mit gesellschaftl. Zuständen; in diesen literarischen Horizont rückt so auch die zerstörte Welt, die den Erzähler umgibt. – **Wilhelm Friedrich von Meyern** (1760–1829): *Dya-Na-Sore, oder die Wanderer. Eine Geschichte aus dem Sam-skritt übersetzt.* (1787–91). Utopischer Staatsroman, über den Schmidt 1956 einen Radio-Essay schrieb. – **Karl Philip Moritz** (1756–1793): Moritz war ein vielseitiger Schriftsteller des Sturm und Drang und der Weimarer Klassik und trat auch als Kunsttheoretiker und Philosoph hervor; Schmidt behandelte ihn 1957 in einem Radioessay. Moritz' bekanntestes Werk ist der in drei Teilen erschienene Roman *Anton Reiser* (1785/86). – Auf den 1731– 61.21

43 erschienenen Roman *Wunderliche Fata einiger Seefahrer* von **Johann Gottfried Schnabel** (1692–vor 1760), der die Utopie eines friedlichen, abgelegenen Inselstaates entwirft, verweist Schmidt sehr oft, meist im Zusammenhang mit den Flucht- und Rückzugsphantasien seiner Helden. Den Titel *Insel Felsenburg* erhielt der Roman erst 1828 durch den Dichter Ludwig Tieck, in dessen Bearbeitung Schmidt ihn las. Auch über Schnabel schrieb Schmidt 1956 einen Radioessay. – **Christoph Martin Wieland** (1733–1813): *Aristipp und einige seiner Zeitgenossen* (1800/01). In Briefform gehaltenes Romanfragment, in dessen Zentrum die Auseinandersetzung des Philosophen Aristipp – einer historischen Figur – mit der Staatsphilosophie Platons, der *Politeia*, steht. Wieland ist einer der wichtigsten Autoren im literarischen Kosmos Schmidts. In seinen *Berechnungen* hebt Schmidt Wielands experimentierfreudigen Umgang mit den überlieferten Prosaformen hervor. – **John Galsworthy** (1867–1933): *Forsyte Saga* (1907–1921). – **Friedrich Maximilian Klinger** (1752–1831), dt. Dramatiker des Sturm und Drang. Zwischen 1790 und 1804 veröffentlichte er einen Romanzyklus, zu dem auch die 1793 erschienene *Geschichte Raphaels de Aquillas* gehört. – **Jean Paul** (eigentlich Johann Paul Friedrich Richter) (1763–1825): *Das Kampaner Tal, oder über die Unsterblichkeit der Seele* (1797). Jean Paul spielte in seinen umfangreichen Romanen ständig mit witzigen und skurrilen Einfällen, schweifte ab, verlor sich in labyrinthischen Handlungen, mischte Reflexionen mit poetologischen Kommentaren. – **Friedrich Nietzsche** (1844–1900), dt. Philosoph, mit dem sich Schmidt seit seiner Jugend intensiv beschäftigt hat.

62.35 **Rias**: Abk. für *Rundfunk im Amerikanischen Sektor*, eine Rundfunkanstalt mit Sitz im Westberliner Bezirk Schöneberg, die von 1946 bis 1993 sendete. 1950 lieferte Schmidt für den RIAS eine Funkfassung seiner Erzählung *Gadir* (1949).

63.15 **24.6.**: Anspielung auf Alice Schmidts Geburtstag, den 24.6.1916.

63.19 **Robinson**: Robinson Crusoe, Held des Romans *Robinson Crusoes Leben und seltsame Abenteuer* (1719, dt. 1720) des engl. Schriftstellers Daniel Defoe. Ausgehend von dieser Figur hat sich eine literarische Tradition der Robinsonaden ausgebildet, zu der auch Schmidts vorliegende Erzählung mehrfach gerechnet worden ist.

eh er noch [...] Robinson sagen könnte: Engl. Redensart, etwa i. S. v. »Ehe er bis drei zählen könnte«. 64.30–31

schächtet: Unter Schächten versteht man das rituelle Schlachten von Tieren, v. a. im Judentum und im Islam. 65.9–10

la donna e mobile: (ital.) »Oh wie so trügerisch sind Frauenherzen«, Beginn der Arie des Herzogs aus dem 4. Akt der Oper *Rigoletto* von Giuseppe Verdi (1813–1901); UA 1851 im Teatro Fenice in Venedig. 66.29

la belle Dame sans merci: Ballade (1819) des engl. Dichters John Keats (1795–1821). 66.30

Marion Kerby: Name der weibl. Hauptfigur in Thorne Smiths (1892–1934) Roman *Topper: A Ribald Adventure* (1926); Smith, Topper und v. a. Marion Kerby haben in Schmidts Werk viele Spuren hinterlassen. 67.35–68.1

‹Komm in meine Liebeslaube›: Rheinländer von 1911; großer Schlager bis in die 1930er-Jahre. 68.2

good for squaw to do that: Zitat aus Coopers Roman *The Pathfinder, or The Inland Sea* (1840); vgl. Erl. zu 12.28. 68.9–10

who should know but I!: Etwa: »Wer außer mir soll es wissen!« Möglicherweise Zitat aus dem Gedicht »Alien Enemies« des engl. Dichters Gerald Gould (1885–1936), das Schmidt in einer Anthologie besaß. 68.31–32

that it would [...] good to behold: »daß einem das Herz im Leibe lachte«. Zitat aus Dickens' Roman *The Posthumous Papers of the Pickwick Club* (1837, dt. *Die nachgelassenen Aufzeichnungen des Pickwick-Clubs*). 69.27

maid of the mist: »Die Braut der Gischt«, Anspielung auf eine indian. Sage, die im Zusammenhang mit den Niagarafällen steht. Die Sage erzählt vom Stamm der Ongiaras, die am Ufer der Niagarafälle lebten; aus unbekannten Gründen starben regelmäßig Indianer, so dass man glaubte, den Donner-Gott Hinum besänftigen zu müssen. Jedes Jahr opferte der Stamm seine schönste Jungfrau. In einem Jahr wurde Lelawala, die Tochter des Häuptlings, auserkoren. Als sie mit ihrer Barke in den Tod gestürzt war, warf sich ihr Vater ebenfalls in die Fluten. Die beiden Söhne des Gottes aber fingen Lelawala auf und verrieten 70.2–3 ihr, dass am Grunde des Flusses eine riesige Seeschlange lebte, deren Hunger mit dem Jungfrauenopfer gestillt werden müsse. Kraft ihres Geistes gelang es Lelawala, ihren Stammesgeschwistern von der Schlange zu berichten; diese wurde von mutigen Männern getötet. Lelawala regierte von da an in der Höhle des Gottes Hinum als die »Maid of the Mist«.

71.18 **Andree**: Gemeint ist der dt. Geograf Richard Andrée (1835–1912) und sein *Allgemeiner Historischer Handatlas in 96 Karten* (1886).

72.16 ***»Setzen wir den Fall«***: Bei dem seitenlangen Monolog des Erzählers, der mit dieser Formel anhebt, handelt es sich im Wesentlichen um ein kaum verändertes Zitat aus Christoph Martin Wielands Roman *Geschichte des weisen Danischmend und der drey Kalender* (1775). Von der Hoffnung auf einen hypothetischen Idealstaat mit einem klar geregelten Verhältnis der fürstlichen Rechte und Pflichten, den der Philosoph Danischmend in Wielands Vorgängerroman *Der Goldne Spiegel* (1772) entworfen hatte, ist in der Romanfortsetzung nur mehr wenig zu spüren. Wie in der von Schmidts Erzähler zitierten Passage deutlich wird, die bei Wieland eine Figur namens Kalender vorträgt, ist die Hoffnung auf die Möglichkeit eines idealen Staates nachhaltig erschüttert.

75.17 **in usum Delphini**: (lat.) »im Gebrauch für den Dauphin«; moralisch gereinigte Texte, um anstößige Stellen bereinigte Ausgabe der griech. und röm. Klassiker für den franz. Thronfolger Ende des 17. Jh.s.

75.18 **Primo Motore**: (ital.) »der erste Beweggrund«; im philosophischen Sinne Gott als der erste Beweger (lat. causa prima) im Gegensatz zum Geschöpf (lat. causa secunda).

75.25–26 **heilige Apollonia**: Märtyrerin aus Alexandria (gest. 249 n. Chr.); wird dargestellt mit den Zeichen ihres Martyriums: Zange und Zahn. Sie ist die Patronin gegen Zahn- und Kopfschmerzen.

77.12–13 **im Arm das [...] Schild des Hephaistos**: Er hält ihr einen Spiegel hin. Anspielung auf den Schild, den Hephaistos für Achilles schmiedete (vgl. Homer, *Ilias*, 18, 478 ff.).

78.34 **Janitschar**: Angehöriger der 1329 gebildeten, aus christl. Kriegsgefangenen und ihren Nachkommen bestehenden Kerntruppe des türk. Sultans (bis 1826).

***So I'm for* […] gelernt ist gelernt).**: Zitat der Schlusszeilen aus dem Gedicht »Captain Stratton's Fancy« des engl. Dichters John Masefield (1878–1967). Der Trinkspruch »Bibe Gallas!«, auf den Lisa mit »Bibe Piccolomini« antwortet, spielt an auf Friedrich Schillers Drama *Wallenstein* (1800) und die darin auftretenden beiden Generäle Matthias Gallas und Octavio Piccolomini, die bei dem Mordkomplott gegen Wallenstein zum harten Kern der Verschwörer gehören. 79.31-34

Varium et mutabile semper femina: Zitat aus Vergils *Aeneis* (4, 569 f.): »Ein buntveränderliches Etwas bleibt das Weib!« 79.35-80.1

Jens, Angeklagte: Roman des dt. Schriftstellers und Literaturkritikers Walter Jens (1923–2013) *Nein – Die Welt der Angeklagten* (1950). Der Roman sollte urspr. den Titel *Weltuntergang* tragen und stellt eine engagierte Auseinandersetzung mit der jüngsten nationalsozialistischen Vergangenheit dar. Jens entwirft die Geschichte des Literaten Walter Sturm, der zusammen mit wenigen Künstlern und Gelehrten in einer Bergenklave lebt, umgeben von einem totalitären Staat. Er erhält eine Vorladung vor den höchsten Richter und Machthaber dieses Staates, der aus einem Zwangssystem von Angeklagten, Zeugen und Richtern besteht, macht sich an seiner Geliebten durch Verrat schuldig und verurteilt sich am Ende selbst zum Tod. 80.13-14

Priameln: Meist scherzhaftes Spruchgedicht des späten MA mit überraschender Schlusswendung. 81.12

Faulkner: William Faulkner (1897–1962), US-amerik. Schriftsteller. 1962 erschien Schmidts Übersetzung einer Sammlung von Faulkners Erzählungen u. d. T. *New Orleans*. 81.22

‹Was der für […] in den Abderiten!: Anspielung auf eine Stelle in Wielands Roman *Geschichte der Abderiten* (1781): »›Was das für ein Mann sein muß, der *Paraspasmus*, der *Stärke* genug hatte, so eine Szene aufs Theater zu bringen!‹ – ›Nun, was die Stärke anbetrifft‹, sagte die schöne *Salabanda*, ›darauf läßt sich eben nicht immer so sicher schließen. Ich zweifle, ob *Paraspasmus* alles halten würde was er zu versprechen scheint; große Prahler, schlechte Fechter.‹ – Man kannte die schöne Salabanda für eine Frau, die so was nicht ohne Grund sagte […]« (III, 3. Kap.). 81.35-82.2

außerdem kannte ich […] an der Norwegenküste: Schmidt war zwischen 1942 und 1945 als Soldat der Wehrmacht in Norwegen stationiert. 82.6-8

82.20 **»Ich küsse Ihre Hand, Madam –:** »Ich küsse Ihre Hand, Madame« (1928), einer der beliebtesten Schlager seiner Zeit.

83.9 **da capo al fine:** (ital.) »Noch einmal bis zum Ende«; Ausruf des Publikums in der Oper, eine Arie noch einmal zu singen.

83.16 **am 18.1.:** Anspielung auf Arno Schmidts Geburtstag am 18.1.1914.

83.34–84.1 **kann ich nicht [...] Zeilen der übrigen:** Das Sonett ist eine aus dem Ital. stammende Gedichtform aus 14 Versen, die meist aus zwei vierzeiligen Quartetten und zwei dreizeiligen Terzetten besteht. In Sonettenkränzen nehmen das zweite bis 14. Sonett die jeweils vorausgehende Schlusszeile als erste Zeile wieder auf, während die Anfangszeile des ersten die Schlusszeile des 14. bildet und das abschließende 15. Sonett (›Meistersonett‹) aus allen 14 Anfangszeilen hintereinander besteht.

84.17 **ein echter Feuerbach:** Anselm Feuerbach (1829–1880), dt. Maler; gemeint ist das in der Hamburger Kunsthalle hängende Gemälde »Die Mandolinenspielerin« (1865). In den meist starr und friesartig angelegten Bildern Feuerbachs dominieren statuenhaft monumentalistische Einzelgestalten, denen oft ein Zug innerer Entsagung anhaftet.

84.23–24 **Victoria Regina:** Gemeint ist die in dialogisierten Szenen gehaltene Biografie der engl. Königin Victoria von Laurence Housman *Victoria Regina. A Dramatic Biography* (1934); evtl. formale Anregung für Schmidts »Historische Revue« über »Massenbach« (geschrieben 1949), deren Manuskript der Erzähler in *Schwarze Spiegel* im verlassenen Zimmer eines verstorbenen Dichters namens Schmidt im Cordinger Mühlenhof findet.

84.25 **»Don Sylvio von Rosalva«:** Wielands Roman *Der Sieg der Natur über die Schwärmerey, oder Die Abentheuer des Don Sylvio von Rosalva. Eine Geschichte worinn alles Wunderbare natürlich zugeht* (1764).

84.31–85.3 **Dann schufen wir [...] in zween Schalen).:** Anspielung auf den Dialog »Symposium« (griech. Gastmahl) des griech. Philosophen Platon, der von der Liebe handelt. Der Erzähler zitiert außerdem aus Homers *Ilias* »Zwanzig bliesen [...] glutanfachenden Windes« (18, 470f.) und »Jener stellt auf die Glut unbändiges Erz in den Tiegeln« (18, 474) in der Übersetzung von Johann Heinrich Voß. Die im griech. Original angeführte Passage »kai tote de […] etitaine talanta« lautet: »Nunmehr streckte der Vater empor die goldene Waage.« Bei der Passage »Denn sie wog […] in zween Schalen« handelt es sich um einen homerisch nachempfundenen Hexameter ohne direkte Entsprechung bei Homer; vergleichbar wäre in Homers *Ilias* (8, 70) die Passage: »Gleich wie die Waage steht, wenn ein Weib, lohnspinnend und redlich, / Abwägt Woll und Gewicht und die Schalen beid' in gerader Schwebung hält« (Ü: Johann Heinrich Voß).

Tympanum: (griech.) »Trommelfell«; Handpauke als Attribut der griech. Göttin Kybele, die man auch als Diana verehrte. 85.7

… ***die gute Stube***: Die folgenden Erinnerungen an seine Kindheit, die der Erzähler Lisa hier zu lesen gibt, sind eine Bearbeitung der bis dahin unveröffentlichten Erzählung *Der Rebell*, die Schmidt im Jahr 1941 während seiner Militärzeit in Norwegen verfasst hatte. Wie man an dieser Erzählung sehen kann, reichen die schriftstellerischen Anfänge Schmidts weit vor die Zeit seiner ersten Buchveröffentlichung (1949) zurück, entstanden doch zwischen 1937 und 1943 neun Erzählungen. Schmidt verfasste diese überwiegend im Stil der von ihm bewunderten romantischen Autoren wie E.T.A. Hoffmann (1776–1822), Ludwig Tieck (1773–1853) oder Friedrich de la Motte Fouqué (1777–1843) gehaltenen Texte während seiner Schreibstubendienste am Romsdalsfjord; sie hatten zunächst rein privaten Charakter, er trug sie in kleine Notizbücher ein, versah sie mit einem fiktiven Verlagsnamen und -ort und schenkte sie seiner Frau Alice zu Weihnachten. 85.16

wie metallene Sternpfeile […] to the Alone: Anspielung auf eine Zeile des engl. Dichters William Cowper (1731–1800) aus dessen Gedicht »The diverting history of John Gilpin« (1782), das Schmidt in seinem Essay »Notwendige Berichtigung« zitiert: »So like an arrow swift he flew, shot by an archer: strong, / so did he fly; which brings me to the middle of my song« (BA III/3, S. 249). Die Passage »the Alone to the Alone« stammt aus William Somerset Maughams (1874–1965) Roman *The Razor's Edge* (1944, dt. *Auf Messers Schneide*). 87.20–22

»Pre …« fing ich […] noch »… caución«: Hinter der span. Warnformel »Precaucíon« (»Vorsicht«) verbirgt sich eine Anspielung auf den Titel von Coopers 1. Roman *Precaution* (1820, 90.1–4 dt. *Vorsicht*), einem »preßgläsernen ›Gesellschaftsroman‹«, wie ihn Schmidt in seinem Funkessay über Wieland nennt (vgl. BA II/1, S. 277 f.).

90.5–6 **aber man hätte [...] jedem Weibe gesehen**: Anspielung auf eine Szene in der »Hexenküche« in Goethes *Faust. 1. Teil.* Nachdem Faust den Verwandlungstrunk zu sich genommen hat, will er sofort in den Zauberspiegel schauen, doch Mephistopheles hält ihn zurück: »Faust: Laß mich nur schnell noch in den Spiegel schauen! / Das Frauenbild war gar zu schön! / Mephistopheles: Nein! Nein! Du sollst das Muster aller Frauen / Nun bald leibhaftig vor dir sehn. / (Leise) Du siehst, mit diesem Trank im Leibe, / Bald Helenen in jedem Weibe«.

91.13–15 ***Sie pfiff den* [...] den ljugande pol)**: Im 30-jährigen Krieg nannte man im Volksmund die finn. berittenen Söldner, die für Schweden in Deutschland kämpften, Hakkapeliitta (etwa: »Hau drauf«). Die Hakkapeliten gab es über diesen Krieg hinaus, sie nahmen an allen schwed. Kriegen des 17. Jh.s teil. 1891 wurde der traditionelle Marsch der Hakkapeliten als »Marsch der Finnländischen Reiterei (im 30-jährigen Kriege)« oder »Schwedischer Reitermarsch« von der preuß. Armee aufgenommen. Besonders in den 1930er- und 1940er-Jahren war er ein beliebter »deutscher« Reitermarsch. Schmidt kannte den Marsch wohl aus seiner Militärzeit. Die Textpassage, die der Erzähler assoziiert, ist ein dän.-schwed.-norw. Gemisch. Übersetzt lautet sie: »Und Freiheit geht aus von dem lügnerischen Pol.«

91.21–25 **Ich hab immer [...] und Johannes Schmidt.**: Der Erzähler benennt noch einmal seinen literarischen Kanon, in dessen Zusammenhang er seine eigenen schriftstellerischen Arbeiten rücken möchte. Über die meisten der versammelten Autoren hat sich Schmidt sehr oft geäußert, in Radioessays wie auch durch seine literarischen Figuren. Immer wieder hat er ihre ästhetischen Programme mit seinem eigenen in Beziehung gesetzt und lebensgeschichtliche Ähnlichkeiten zur eigenen dichterischen Vita aufgespürt, was etwa den Außenseiterstatus oder die Unbeirrbarkeit poetologischer Positionen angeht. Johannes Schmidt war kein Dichter, sondern als Betriebsorganisator Vorgesetzter aus Schmidts Zeit als Lagerbuchhalter in den Greiff-Werken, mit dem er sich über math. und literarische Fragen austauschte und v. a. Schach spielte.

Fundevogel: Anspielung auf das gleichnamige Märchen aus der Sammlung der Brüder Jacob (1785–1863) und Wilhelm Grimm (1786–1859). Das Märchen erzählt die Geschichte eines kleinen Mädchens, das ein Förster im Wald auf einem Baum findet. Weil ein Raubvogel das Kind seiner Mutter im Schlaf entrissen und auf den Baum gesetzt hat, gibt ihm der Förster, der das Kind an sich nimmt und zusammen mit seiner Tochter großzieht, den Namen Fundevogel. Als die alte Köchin Fundevogel in einen Topf mit kochendem Wasser werfen will, fliehen die beiden Kinder in den Wald. Um Schutz vor der Alten und ihren drei Knechten zu haben, verwandeln sich die beiden nacheinander in einen Rosenstock mit einem Röschen darauf, eine Kirche mit einer Krone darin und einen Teich mit einer Ente darauf. Die Alte durchschaut die List zwar, doch ertrinkt sie am Ende in dem Teich, in den Fundevogel sich verwandelt hat. 93.3

Der Mond als […] schief zugespitzten Himmelsgewölbes.: Umdeutung einer Passage aus Jean Pauls Roman *Das Kampaner Tal* (1797), wo an einer Stelle »der weißglühende Schlußstein des himmlischen Gewölbes« auftaucht. 94.7–8

Suhrkamp BasisBibliothek
Eine Auswahl

Annette von Droste-Hülshoff
Die Judenbuche
Kommentar: Christian Begemann
SBB 14. 136 Seiten

»Der vorliegende Band entspricht den Anforderungen, die man an einen ›Arbeitstext für Schule und Studium‹ stellt, vorbildlich.« *Literatur in Wissenschaft und Unterricht*

Max Frisch
Andorra
Kommentar: Peter Michalzik
SBB 8. 166 Seiten

»Vielleicht bringt dieser multimediale Kontakt mit Frischs Stück manch einem, der Deutschstunden bislang als lästige Pflicht erlebte, einen neuen Zugang und damit Spaß an der Literatur.« *stern*

Johann Wolfgang Goethe
Die Leiden des jungen Werthers
Kommentar: Wilhelm Große
SBB 5. 221 Seiten

»Auch wer sein zerfleddertes *Werther*-Bändchen seit Schülertagen mit sich schleppt, wird Platz suchen für die neuen Bände der Suhrkamp BasisBibliothek.« *Die Zeit*

NF 320/1/5.01

Hermann Hesse
Demian
Kommentar: Heribert Kuhn
SBB 16. 220 Seiten

»Heribert Kuhns Kommentar erweist sich als gehaltvolle, fordernde und inspirierende Anleitung zum Verständnis des Romans. Als *die* Leseausgabe für Studierende kann dieser Band daher unbedingt empfohlen werden.«
Literatur in Wissenschaft und Unterricht

Hermann Hesse
Der Steppenwolf
Kommentar: Heribert Kuhn
SBB 12. 306 Seiten

»... Der 50 Seiten umfassende Kommentar allein lohnt die Anschaffung dieses Textes. Er ist auch ideal für eine Klassenlektüre.« *lesenswert*

Rainer Maria Rilke
Die Aufzeichnungen des Malte Laurids Brigge
Kommentar: Hansgeorg Schmidt-Bergmann
SBB 17. 300 Seiten

»Den größten Teil des Kommentars machen jedoch Wort- und Sacherklärungen aus; da sie nicht stichwortartig im Telegrammstil gehalten sind, erklären sie vorzüglich auch komplexe Zusammenhänge.«
Neue Zürcher Zeitung

NF 320/2/5.01